A. BOPPE

L'ALBANIE ET NAPOLÉON

(1797-1814)

PARIS
LIBRAIRIE HACHETTE ET Cie
79, BOULEVARD SAINT-GERMAIN, 79
1914

3 fr. 50

L'ALBANIE

ET

NAPOLÉON

(1797-1814)

OUVRAGES DU MÊME AUTEUR

A LA LIBRAIRIE HACHETTE

Les Peintres du Bosphore au dix-huitième siècle. Un volume in-8°. Ouvrage couronné par l'Académie Française.

A. BOPPE

L'ALBANIE
ET
NAPOLÉON

(1797-1814)

PARIS
LIBRAIRIE HACHETTE ET Cie
79, BOULEVARD SAINT-GERMAIN, 79
1914

AVANT-PROPOS

A deux reprises, de 1797 à 1814, la France, maîtresse de Corfou, s'est trouvée en relations avec les beys albanais et les populations grecques de la côte d'Épire : à celles-ci, elle apportait des idées de liberté et de justice qui contribuèrent à hâter la régénération de la nation hellène. Quant aux chefs de clans parmi lesquels la Porte choisissait les gouverneurs de ses provinces albanaises, vassaux indisciplinés du Sultan, ils ne virent dans les compétitions dont les débris de l'Empire vénitien furent l'objet entre les puissances européennes qu'une source de profits et une occasion d'intrigues, et l'un d'entre eux,

Ali de Tépélen, s'éleva au point d'aspirer à l'indépendance.

L'histoire n'est en Orient qu'un perpétuel recommencement : Venise dominant à Corfou avait besoin du libre usage du canal et d'un établissement sur la terre ferme. La même nécessité s'imposa à la France ; elle lui valut l'inimitié du pacha ambitieux dont l'Angleterre fit, après le traité de Tilsitt, l'instrument de sa politique à l'entrée de l'Adriatique.

A l'aide des documents d'archives, des récits des voyageurs qui, en si grand nombre, ont parcouru l'Albanie dans les premières années du XIXe siècle, et des papiers du général Donzelot, gouverneur général de Corfou, nous avons étudié les relations de Napoléon avec Ali de Tépélen, pacha de Janina, et les beys albanais sur la ruine desquels ce dernier avait établi sa puissance,.

En rappelant quelle place tint jadis dans les préoccupations de la politique française cette Albanie, qui ramène de nouveau sur elle l'attention de l'Europe, ces pages évoqueront l'originale et saisissante figure d'Ali de Tépélen et, sous l'auréole de légende dont elle s'est entourée avec Byron, Hugo et Dumas, laisseront percer les traits véritables du fameux pacha de Janina.

L'ALBANIE et NAPOLÉON

(1797-1814)

I

Premières négociations.

Le traité de Campo-Formio donne à la France avec les îles Ioniennes les possessions vénitiennes de la terre ferme. — Nécessité pour les généraux français d'entretenir de bons rapports avec les Pachas de la côte albanaise. — Le consulat d'Arta. — Pierre Dupré et les premières relations avec le pacha de Janina. — Ali de Tépelen et les beys de la région. — Entrevue du général Gentili avec Ali. — La question de Buthrinto. — Intrigues de l'adjudant général Roze. — Mésintelligence entre les généraux et les commissaires civils.

L'expédition d'Égypte. — Bonaparte recherche l'alliance du Pacha de Janina.

Ali est appelé par le sultan au camp devant Widdin contre Passwan Oglou ; il part avec les sergents d'artillerie Pollet aîné et Ried. — Son absence rend inutile la mission de Lavallette.

La Porte déclare la guerre à la France. — Retour précipité d'Ali à Janina ; il trahit la confiance du général Chabot. — Arrestation de l'adjudant général Roze et du lieutenant Steil. — Combat de Nicopolis. — Le Pacha de Janina assiège Corfou avec l'escadre combinée russo-turque.

Lorsque, en 1797, l'annexion de Venise nous rendit maîtres en même temps que de Corfou et des îles voisines, des quelques points que la

République vénitienne tenait sur le continent pour assurer la sécurité de ses possessions insulaires, on ne connaissait guère en France l'Albanie. On y avait oublié les relations étroites entretenues de 1612 à 1619 par le duc de Nevers avec les Beys qu'il avait cherché à entraîner dans sa croisade contre le Turc[1]; on ne se souvenait plus que, dans certains ports de la côte albanaise et notamment à Durazzo, l'ambassade de France à Constantinople avait, à différentes reprises, établi à demeure, sous les règnes de Louis XIV et de Louis XV, un agent relevant du consulat de Salonique, en vue de faciliter le transport des dépêches du Roi, auxquelles les routes postales ordinaires sur mer ou sur terre étaient interdites par des guerres ou des révolutions. On savait seulement que l'arsenal de Toulon tirait de cette région les plus beaux bois qu'employaient nos constructions navales; les comptoirs qu'avaient établis en Épire pour la commodité de leur commerce les Boulle, les La Salle, les Dupré, avaient,

1. Berger de Xivrey, *Mémoire sur une tentative d'insurrection organisée dans le Magne par le duc de Nevers*. Bibliothèque de l'École des Chartes, juillet-août 1841.

dès 1702, amené la Cour à faire résider à Arta un agent ayant le titre de consul à Santi Quaranta, La Saillade (Sayadès), et la Pargue (Parga)[1].

Pierre-Jérôme Dupré, qui était à la fin du XVIIIe siècle titulaire de ce poste, avait senti la nécessité d'entretenir de cordiales relations avec les chefs Albanais du voisinage et particulièrement avec celui qui paraissait le plus puissant et le plus riche : « Tous les individus qui résident sous sa domination, écrivait Dupré au Ministre le 18 frimaire an V[2], ont plus besoin pour ainsi dire de sa protection que de celle de la Porte, dont il sait éluder les volontés à son bon plaisir. Il est donc essentiel pour les Français qui habitent ce pays de l'avoir pour ami, et c'est de quoi je me fais une étude particulière, malgré que l'intérêt le domine par-dessus tout. » Dupré et son correspondant à Janina, le médecin levantin Tozoni étaient arrivés à se concilier les bonnes grâces du Pacha si l'on en juge par l'accueil qu'en reçut à

1. A. Boppe, *le Consulat général de Morée et ses dépendances.* Revue des Études grecques. XX, nº 87, janvier-avril 1907.
2. A. E. carton *Arta.*

son retour de Constantinople l'agent du Comité de Salut public, Hénin[1].

Ali de Tépélen n'était pas arrivé encore à l'apogée de sa puissance; ses intrigues et ses crimes lui préparaient seulement la légende qui allait bientôt entourer son nom. Depuis 1788 il s'était fait reconnaître par le Sultan comme Pacha de Tricala, puis de Janina; aux territoires qu'il s'était acquis dans la Zagorie, il avait peu à peu ajouté la plus grande partie des cantons de Conitza, de Premeti, étendant chaque jour ses domaines, combattant ses voisins, principalement les Souliotes et se ménageant pour ces expéditions l'appui des chefs des compagnies d'Armatotes qui infestaient alors ces régions, les Boucovalas, les Blachavas, les Christaki, dont les hauts faits sont de nos jours encore célébrés dans les chants populaires de l'Albanie. Les territoires qu'il n'osait s'approprier par les armes, il cherchait à se les procurer par des alliances, et quoique des précédents sanglants eussent montré quels périls couraient ceux qui entraient dans sa

1. Hénin au Comité de Salut public. Lettre du Lazaret de Venise, 12 messidor an III.

famille, il avait obtenu pour ses deux fils, Mouktar et Vely, les deux filles du Pacha de Bérat. Il s'assurait ainsi des otages qui le garantissaient contre les mesures que la Porte pouvait être tentée de prendre contre lui ; car s'il aspirait à l'indépendance, « sentiments que la nature du pays qu'il gouverne ne pouvait manquer de lui inspirer, » il reculait « politiquement » le moment où il lui faudrait « se déclarer »[1] et par des présents habilement répandus dans l'entourage du Sultan il se ménageait des amitiés qui le protégeaient contre ses rivaux.

A Bérat, en effet, Ibrahim, Bey de Vallona, avait succédé à Courd Pacha, son beau-père, et de nombreux clans albanais lui obéissaient. Delvino était le fief d'une des plus grandes familles de la Lapourie, les Coca, dont l'héritier, Moustapha, considérait Ali de Tépélen comme un simple parvenu. Proino de Paramythia, sans avoir autant de puissance, prétendait à une aussi ancienne noblesse. Enclavés dans les territoires de ces différents beys, le pays des Sou-

1. Hénin, *id.*

liotes, la Chimera, les cantons d'Argirocastro, de Gardichi, de Zoulati, avaient pu conserver une sorte d'autonomie. Les Pachas de Janina, de Bérat, de Delvino, se disputaient ces pays tout en cherchant à se concilier l'amitié des petits clans féodaux du voisinage, dont les chefs, l'aga de Margariti, Hassan Tchapari, Ali de Massarakia, Melek de Gomenizza, Mourto d'Arpissa et les deux agas de Conispoli, Ibrahim Dem et Daglany, entretenaient à l'exemple des Beys plus importants, des émissaires à Corfou.

Les Vénitiens avaient eu besoin de tous ces Beys pour assurer leur subsistance dans les îles; la même nécessité s'imposa aux autorités militaires françaises à leur arrivée à Corfou, le 27 juin 1797 [1]; il leur fallut tirer des côtes d'Épire les vivres, les bestiaux, les bois et la plupart des objets prévus pour l'alimentation ou pour les usages journaliers des troupes et de la population. Autant pour se ménager la bonne volonté des Beys dont ce ravitaillement dépendait, que pour se rendre compte de l'état des positions que la France tenait de

1. RODOCANACHI, *Bonaparte et les îles Ioniennes* (1797-1816). Paris, 1899, in-8°.

Venise sur le continent, à Buthrinto, Parga, Vonizza et Preveza, le général Gentili entreprit dans les anciennes possessions vénitiennes une tournée qui lui donna l'occasion de s'entretenir avec le Pacha de Janina.

La rencontre eut lieu « sur les ruines de l'ancienne Buthrote », dans cette plaine déserte où quelques jours auparavant l'historiographe de l'expédition, Arnault, n'avait vu qu'un misérable turc et un fier albanais armé de toutes pièces; « il avait donné l'aumône au premier et s'était estimé très heureux que le second ne lui eût pas demandé la bourse ». Ali se montra moins réservé à l'égard du général Gentili, et lui fit « quelques demandes fort indiscrètes »[1]. Ne se contentant plus des « deux braves maîtres canonniers et des deux bombardiers » qu'il avait, dans une lettre à Bonaparte[2], exprimé le désir d'avoir à sa disposition pour un an ou deux, ou de la poudre et du *Kirlanguitch,* voilier destiné à naviguer dans le golfe

1. Gentili à Bonaparte. Lettres des 10 août et fin août 1797. *Corresp. confident. de Napoléon,* III, 522, 535.

2. Ali Pacha à Bonaparte, Lettre du 1er juin 1797. *Id.,* III, p. 350.

d'Arta, qu'Arnault représentait comme sa seule ambition[1], le Pacha de Janina réclamait le droit que les Vénitiens lui avaient toujours refusé d'entretenir des barques dans le détroit de Corfou, et allait même jusqu'à émettre la prétention de s'établir à Buthrinto.

Le général français accueillit avec prudence les demandes du Pacha ; il se borna à lui envoyer deux sous-officiers d'artillerie, Pollet aîné, sergent au 3e régiment d'artillerie à pied, et Ried, sergent à la 15e compagnie d'artillerie sédentaire. Il était d'ailleurs fort embarrassé sur la conduite qu'il devait tenir à l'égard de tous ces chefs albanais en lutte les uns avec les autres; « quoique notre politique pût être de soutenir Ali, notre ami », il n'osait pas « se mêler dans ces querelles, pour ne donner aucun motif de plainte à la Porte ottomane ».

« Vous avez très bien fait, lui répondait Bonaparte[2], de vous refuser aux prétentions d'Ali Pacha. Tout en l'empêchant d'empiéter

1. Arnault à Bonaparte. Lettre du 29 juillet 1797. *Souvenirs d'un sexagénaire.* Paris, 4 vol. in-16.

2. Bonaparte au général Gentili. Lettre de Milan, 10 novembre 1797. *Correspondance,* n° 2343.

sur ce qui nous appartient, vous devez cependant le favoriser autant qu'il sera en vous. Il est de l'intérêt de la République que ce Pacha acquière un grand accroissement, batte tous ses rivaux, afin qu'il puisse devenir un prince assez conséquent pour pouvoir rendre des services à la République. Les établissements que nous avons sont si près de lui, qu'il n'est jamais possible qu'il puisse cesser d'avoir intérêt d'être notre ami. Envoyez des officiers d'état-major et du génie auprès de lui afin de vous rendre un état de la situation de la population et des coutumes de toute l'Albanie. »

Ces instructions dont Gentili aurait sans doute usé avec ménagement laissèrent son successeur, Chabot, maître d'entamer avec Ali Pacha des relations auxquelles ne le poussait que trop le chef d'état-major de la division du Levant. En revêtant l'uniforme d'adjudant général qu'il devait aux hasards de la Révolution, Nicolas Roze[1] n'avait pu dépouiller les traits particuliers qu'avait donnés à son caractère un long séjour dans les échelles du Levant. Plus fait

1. Voir dans la *Sabretache*, n° du 31 juillet 1900 : A. Boppe, *l'Adjudant général Roze*.

pour la politique que pour la carrière des armes, il se laissa entraîner dans les mille intrigues dont les Albanais sont si friands et voulut faire figure de diplomate au milieu de tous ces Beys qui jouaient au souverain. Ce fut dès lors entre la côte d'Épire et Corfou un incessant échange de communications ; Ali envoyait ses secrétaires, « le fidèle et bien-aimé Démétrius Basilius[1] » ou « Papas Dimitri, surnommé Grammatico[2], » à « son ami le général Sabot », ainsi qu'il l'appelait à la grecque ; Chabot dépêchait à son tour à Janina son aide de camp, le capitaine Scheffer, « le gracieux Henri », dont le Pacha vantait dans une lettre « les aimables et bonnes qualités[3] ». Mais il n'y avait en réalité rien de sérieux sous ces politesses.

Ali se trouvait alors dans la plus grande perplexité. Pressé par la Porte de se rendre à

1. Ali Pacha au général Chabot. Lettre du 27 décembre 1797. Sur le général Chabot, voir le travail de M. Richard, dans les *Mémoires de la Société de statistique des Deux-Sèvres*, année 1842, et X. Gaultier de Claubry, *Aperçu d'un mémoire sur l'occupation des îles Ioniennes par les Français en 1797, 1798, 1799*, d'après la correspondance du général Chabot, Niort, 1864.

2. Ali Pacha au général Chabot. Lettre du 4 février 1798.

3. Ali Pacha au général Chabot.

l'armée envoyée contre le Pacha de Widdin, Passwan Oglou, il aurait voulu se dérober à un ordre qui l'obligeait à combattre un rebelle dont il aspirait à imiter l'exemple. « A moins, faisait-il dire au général Chabot, que l'on ne me donne 10 000 Français et 100 000 sequins (environ un million de francs), je ne puis désobéir[1] ». Quelque désireux que le gouvernement français pût être, au moment où il préparait ses plans sur l'Égypte, de contenir Passwan Oglou et d'empêcher les contingents albanais de Janina d'aller rejoindre l'armée ottomane sous les murs de Widdin[2], Chabot estima qu'Ali Pacha mettait à son amitié un prix trop élevé ; il dut le laisser partir pour le camp ottoman avec ses deux sous-officiers d'artillerie français[3].

Le départ du Pacha ne ralentit pas l'activité diplomatique des officiers de Corfou. « Ces entreprises des généraux sur la puissance civile » irritaient singulièrement les commis-

1. J.-P. Bellaire, *Précis des opérations générales de la division française du Levant.* Paris, in-8°, 1805, p. 20.

2. Sur cette campagne de l'armée ottomane contre Paswan Oglou, voir Olivier, *Voyage dans l'Empire ottoman,* I, p. 192-223.

3. J.-P. Bellaire, *Précis,* p. 28 à 31, relation du séjour de Ried et de Pollet aîné à l'armée contre Passwan Oglou.

saires du Gouvernement, qui dans leurs rapports au Directoire s'élevaient contre « ces fausses démarches dues à l'ivresse du pouvoir, défaut commun à tous les militaires qui commandent dans ces départements[1] ». De son côté d'ailleurs, le Ministre des Relations extérieures se préoccupait de ces « négociations entamées si indiscrètement avec le Pacha de Janina[2] ». « On ne peut être trop en garde contre lui, écrivait Talleyrand, le 9 mars 1798[3]. Cet homme joint à des lumières peu communes à un Musulman un esprit rusé et un caractère ambitieux. Les ouvertures qu'il ferait pourraient bien être concertées avec la Porte. Quelque désir que ce Pacha ait d'affermir et d'étendre sa puissance, il est trop clairvoyant pour ne pas apercevoir que l'esprit républicain, introduit avec nos guerriers dans le pays qu'il gouverne et aux environnants, renverserait son autorité et qu'il serait la victime de sa propre ambition. D'ailleurs, il ne faut pas se fier

1. Lettre du commissaire Pâris, du 19 juin 1798. A. E. *Iles Ioniennes*, I.

2. Lettre de Talleyrand à Comeyras, du 14 mars 1798. A. E. Carton *Corfou*, II.

3. Lettre de Talleyrand à Comeyras, du 9 mars 1798. *Id., id.*

trop légèrement à ces sortes de gens. Les Autrichiens se repentirent dans leurs dernières guerres avec la Porte de s'être trop fiés à Mahmoud Pacha de Scutari. »

En dépit de ces sages avertissements, le Directoire, qui avait d'abord désiré « suivre à l'égard des provinces du Grand Seigneur qui avoisinaient les îles nouvellement acquises par la République, un système purement passif et stationnaire[1], » se trouva entraîné à modifier sa politique quand l'expédition d'Égypte fut décidée. Il importait dès lors que la France s'attirât les sympathies des populations dont la Turquie pouvait avoir intérêt à rechercher l'appui. Tandis qu'à Ancône, un véritable comité d'insurrection[2] s'organisait en vue de répandre les idées françaises dans le Magne et dans les parties de la Morée que, sur l'ordre de Bonaparte, Dimo et Nicolo Stephanoli venaient de visiter[3], des émissaires cherchaient à nouer des relations avec Passwan Oglou, qui sur les rives

1. Lettre de Talleyrand à Comeyras.
2. Sur le comité d'Ancône, voir Boulay de la Meurthe, *l'Expédition d'Égypte*.
3. *Voyage de Dimo et Nicolo Stephanopoli en Grèce pendant les années 1797 et 1798*. Londres, 1800, in-8°.

du Danube pouvait, comme le Pacha de Janina en Épire, détourner l'attention de la Porte des événements dont l'Égypte allait être le théâtre. Les officiers de Corfou pouvaient dans ces conditions s'adonner librement à leur goût pour les intrigues de la politique albanaise. Bonaparte d'ailleurs leur en donnait l'exemple.

Son aide de camp, Lavallette, arrivait en effet à Corfou dans les premiers jours du mois de juillet 1798, à bord de la frégate l'*Artémise*. Il venait annoncer la prise de Malte à Chabot qui avait ordre de répandre la nouvelle parmi les Pachas depuis Scutari jusqu'en Morée ; mais il avait surtout pour mission de voir Ali Pacha. La lettre qu'il devait lui remettre[1] ne contenait « rien autre chose que d'ajouter foi » à ce qu'il lui dirait « seul avec lui » à l'aide d' « un truchement sûr », dans un entretien dont Bonaparte avait lui-même fixé les termes[2] : « Vous lui direz que, venant de m'emparer de Malte et

1. La lettre écrite de Malte par Bonaparte « à son très respectable ami Ali Pacha de Janina » et datée du 17 juin 1798 est publiée dans la *Correspondance*, sous le n° 2684.

2. Bonaparte au citoyen Lavallette. Malte, 17 juin 1792. *Correspondance*, n° 2683. *Mémoires et souvenirs du comte Lavallette.* Paris, 1831, 2 vol. in-8°, I, p. 270.

me trouvant dans ces mers avec 30 vaisseaux et 50 000 hommes, j'aurai des relations avec lui et que je désire savoir si je peux compter sur lui ; que je désirerais aussi qu'il envoyât près de moi, en l'embarquant sur la frégate, un homme de marque et qui eût sa confiance ; que sur les services qu'il a rendus aux Français et sur sa bravoure et son courage, s'il me montre de la confiance et qu'il veuille me seconder, je puis accroître de beaucoup sa gloire et sa destinée. »

L'absence d'Ali, retenu depuis quatre mois sous les murs de Widdin, mit l'aide de camp de Bonaparte dans l'impossibilité de remplir sa mission. Chabot ne s'en consolait pas[1] ; il ne doutait pas qu'en s'entretenant avec le Pacha de Janina, Lavallette « eût fini de nous l'attacher pour toujours ». L'amitié d'Ali lui semblait la meilleure garantie que nous pussions avoir contre l'attaque que les Turcs pourraient être tentés de diriger contre nous et il s'attendait à voir le Pacha revenir de Widdin « aussitôt qu'il serait instruit de la prise de Malte et de l'approche de nos troupes ».

1. Le général Chabot à Bonaparte. Corfou, 7 juillet 1798 *Corresp. confident.*, V, 233-235.

Bonaparte partageait cette illusion[1]; mais la réalité était tout autre. Dès qu'il avait eu vent des projets des Français, Ali, ainsi que l'avait si bien prévu Talleyrand, s'en était inquiété, il avait, de Widdin même, prescrit à ses fils de se tenir prêts à toute éventualité; sur son ordre, Mouktar et Vely s'étaient réconciliés avec le Pacha de Delvino, avec les Beys voisins; et ils avaient signé avec les Souliotes une paix, peu sûre d'ailleurs, car ces derniers faisaient au même moment des ouvertures au commissaire civil de Corfou. Les dispositions prises ainsi par les Albanais s'accordaient mal avec les sentiments que leur prêtaient les officiers de la division de Corfou; ces derniers ignoraient en effet que le Pacha de Janina s'était nettement déclaré en faveur du Sultan au moment où la Porte avait rompu toutes relations avec le gouvernement français, dont les armées venaient d'envahir l'Égypte; et, malgré les avertissements qu'ils recevaient de la terre ferme, où, dans les environs des postes français, des mouvements suspects avaient été signalés, ils continuaient

1. Bonaparte à l'adjudant général Roze. Le Caire, 17 août 1798. *Correspondance*, n° 3036.

à mettre leur confiance en Ali. Mais il leur fallut bientôt se rendre à l'évidence. Ali en revenant de Widdin était décidé à lever le masque ; il y fut encouragé par la nouvelle du désastre d'Aboukir qu'il reçut avant que l'état-major ne pût en avoir connaissance à Corfou.

Ayant invité l'adjudant général Roze à une entrevue dans la maison de l'aga Hassan Tchapari, à Filiatès, il faisait amener en prisonnier devant lui cet officier qui se croyait sûr d'une amitié dont il avait reçu maintes preuves et à laquelle il avait dû jusqu'à sa femme, cette jeune Zoitza *aux yeux noirs,* « renommée par sa beauté entre les femmes enchanteresses dont Janina peut se vanter de posséder l'élite et la fleur[1] ». Il faisait en même temps interner à Conispolis le sous-lieutenant Steil, de la 79e demi-brigade, que le commandant du fort de Butrinto lui avait envoyé sur sa demande[2], et, comme si ce double guet-apens ne suffisait pas pour éclairer le géné-

1. Sur le mariage de Roze, voir POUQUEVILLE, *Hist. de la Grèce*. Paris, 1825, 4 vol. in-8°, t. I, p. 134-136.

2. Le lieutenant Steil fut rendu quelques jours plus tard par Ali en échange d'un de ses sujets que le général Chabot avait fait mettre en prison par manière de représailles. BELLAIRE, *Précis*, p. 261.

ral Chabot sur ses intentions, le Pacha envoyait au commandant de la division française un véritable ultimatum ; dans une lettre du 7 octobre 1798[1], il lui déclarait qu'il garderait Roze comme otage, et qu'il ne rendrait aux Français son amitié que lorsqu'il aurait été indemnisé de fournitures dont il réclamait le payement et qu'il aurait été mis en possession de Prévéza, de Vonizza, de Saint-Maure et de la pêcherie de Butrinto ; et « pour cela », et à condition que Chabot « ne trouble ni les hommes, ni les endroits », il jurait de rester avec nous « mieux encore que par le passé ». Il suffisait pour « arranger cette affaire de lui envoyer quelques sages Français qui sachent le grec ou quelques Grecs qui lui parleraient d'affaires justes. »

Mais le temps des négociations était passé. Tandis que Bonaparte, dans l'éloignement du Caire, pensant encore aux avantages que pouvait lui procurer l'amitié d'Ali, envoyait Croizier à Corfou pour lui rapporter des nouvelles d'Albanie[2], les Albanais s'étaient jetés sur

1. Richard, Mémoires de la Société de statistique des Deux-Sèvres.

2. Instruction de Bonaparte à Croizier. Le Caire, 17 décembre 1798. *Correspondance*, n° 5777.

les quelques Français qui, campés sur l'emplacement de l'ancienne Nicopolis, avaient mission de défendre Prévéza et combattirent héroïquement « sur ce coin de terre ignoré, sans témoins de leur courage, sans espérance d'un souvenir, uniquement pour accomplir un devoir et rester dignes de la France[1] ».

La victoire remportée par les 15 000 Albanais qu'Ali et ses deux fils avaient lancés contre les quatre cents soldats de la 6e et de la 79e demi-brigade donna au Pacha de Janina le droit de réclamer une participation dans les opérations du siège que vint bientôt mettre devant Corfou la flotte combinée de l'amiral russe Ouchakow et de l'amiral turc Cadri Pacha[2].

1. Sur la bataille de Nicopolis, voir les *Mémoires* du général Camus, baron de RICHEMONT. Moulins, 1850, in-8°; J. MASSON, *Aventures de Guerre*. Paris, Boussod, in-4°, p. 71-89 ; BELLAIRE, *Précis*, et général Pascal VALLONGUE, *Combat de Nicopolis en Épire*, Imprimerie des Postes et Messageries, 15 p., in-8°.

2. PISANI, *Une expédition turco-russe à Corfou*. Revue d'Histoire diplomatique, 1888.

II

Rupture.

Création de la République septinsulaire. — Parga et Butrinto passent sous la domination ottomane. — Déception d'Ali. — Sur l'ordre du Sultan, les officiers et soldats français faits prisonniers à Nicopolis sont envoyés à Constantinople; leurs souffrances.

Ali est nommé Rouméli Beylerbey ; ses guerres avec les Souliotes et avec les agas du Chamouri. — Il achète à un corsaire plusieurs français revenant d'Égypte ; concours que lui apportent dans ses opérations militaires le chef de brigade du génie Poitevin, le colonel d'artillerie Charbonnel et Julien Bessières. — L'inquisiteur de Malte, Guerini, devient musulman sous le nom de Méhémet effendi. — Évasion de Poitevin, Carbonnel et Bessières.

Ali cherche à rentrer en grâce auprès de la France ; il envoie le marchand Martin auprès de l'adjudant commandant Romieu, commissaire des Relations extérieures à Corfou.

Le Pacha de Janina ne retira pas de ses succès les grands résultats qu'il en espérait. Après la capitulation des Français à Corfou, il s'attendait à la réalisation du rêve qui le hantait depuis si longtemps; il pensait que pour prix des services qu'il avait rendus à la flotte combinée, les amiraux de la Russie et de la Turquie laisseraient entre ses mains les territoires que la République de Venise avait possédés sur la terre ferme et dont ses Albanais avaient chassé les Français. Il fut amèrement déçu quand il apprit que l'objet de ses convoitises était donné au Sultan ; Parga, Butrinto, Vonizza et Prévéza passèrent, en effet, sous la domination ottomane en vertu du traité qui constituait, le 21 mars 1800, la République septinsulaire.

Ali, il est vrai, avait obtenu du Sultan, avec un Firman reconnaissant son autorité sur les territoires albanais qu'il s'était appropriés, le titre de Rouméli Beylerbey. C'était pour un homme d'un esprit aussi pratique, une maigre compensation. A sa déception s'ajouta encore le regret de n'avoir pu conserver les prisonniers qu'il avait faits aux Français. Sur l'ordre de la Porte, il avait dû envoyer à Constantinople non seulement l'adjudant général Roze, mais encore tous ceux des combattants de Nicopolis qui n'avaient pu trouver la mort sur le champ de bataille.

Des 400 hommes et des 20 officiers qui composaient les détachements de la 6e et de la 79e demi-brigade, 8 officiers et 147 soldats étaient tombés vivants entre les mains des Albanais; ils furent soumis aux traitements les plus cruels[1]; amenés devant le Pacha, « qui après les avoir comptés, fit signe qu'on les éloignât », ils avaient été conduits sur la place où étaient amoncelées les têtes de leurs compagnons d'armes, et là, sous des coups « dont la douleur finit par leur arracher un consentement que la certitude d'une mort prompte n'aurait pu obtenir », ils avaient été contraints d'écorcher avec le rasoir d'un Albanais, ces têtes, dont les masques, aussitôt salés, étaient entassés dans des sacs de toile. Dirigés ensuite sur Loroux et Arta, après plusieurs journées de marche et de torture, ils avaient fait leur entrée à Janina, « sous une grêle de pierres dont la canaille janniote ne cessa de les accabler ». Le bagne de Constantinople et les forteresses de la mer Noire ne durent pas paraître un séjour pénible à ces Français qui avaient connu les prisons albanaises et les horreurs de ces longues étapes

1. BELLAIRE, *Précis*, p. 404-428.

en Morée et en Roumélie, au cours desquelles beaucoup d'entre eux étaient morts de froid, de faim ou de fatigue. « Aussitôt qu'un Français se trouvait hors d'état de marcher, un Albanais l'entraînait au bord d'un fossé et lui coupait la tête qu'il faisait porter à ses malheureux compagnons. »

Ali avait essayé de retenir auprès de lui le général La Salcette, le colonel Hotte et quelques officiers. Il dut se séparer également d'eux, la prison des Sept tours les attendait à Constantinople. Il était cependant arrivé, en dépit des ordres formels de la Porte, à conserver secrètement à Janina quelques soldats d'artillerie et avec eux l'un des officiers qui s'était le plus distingué à Nicopolis par sa bravoure, le lieutenant Fau, de la 7e compagnie *d'artillerie sédentaire*[1].

Par ces victoires qui ne lui avaient rapporté aucun avantage matériel, Ali s'était acquis sur les Albanais un ascendant moral considérable dont il chercha aussitôt à profiter pour reprendre ses projets d'agrandissement. Nommé en

1. Bellaire, *Précis*, p. 403.

Roumélie par le Sultan, vice-roi ou Beylerbey, il avait pour résidence officielle Bitolia (Monastir), mais Janina était son séjour préféré, et Tepelen, sa ville natale, commençait à voir s'élever la forteresse qui allait servir de dépôt à ses trésors. A Trikala, résidait son second fils, Vély ; Mouktar, l'aîné, gouvernait les environs de Janina, où il habitait. La domination d'Ali comprenait des territoires très étendus bornés par les pachaliks de Scutari, d'Ochrida, de Lépante ; il avait jusqu'à Larisse des postes albanais qui parlaient et agissaient en son nom, mais plusieurs autres pachaliks, et de nombreux cantons indépendants restaient enclavés dans son petit État. Le pays des Souliotes, les terres du Pacha de Delvino, étaient, parmi ces enclaves, celles qui lui tenaient le plus à cœur. Tous ses efforts tendaient à s'en emparer, mais pour réduire ces montagnards il lui fallait d'autres ressources que celles que pouvait mettre à sa disposition l'Albanais de Préméti, Mastro Piétro, « son Vauban[1] ». Le hasard allait les lui procurer.

1. Pouqueville, *Régénération*, I, p. 95.

Le 14 brumaire an VII, une tartane livournaise, la *Madone di Montenegro,* avait mis à la voile à Alexandrie pour ramener à Toulon trois membres de la Commission des Sciences et des Arts auxquels leur état de santé ne permettait pas de rester plus longtemps en Égypte, Pouqueville, Bessières et Gérard. Avec eux étaient partis plusieurs officiers que Bonaparte renvoyait en France pour des raisons diverses : le chef de brigade du génie Casimir Poitevin, le colonel d'artillerie Charbonnel, Fornier, commissaire des guerres, l'adjudant commandant Beauvais, deux officiers de marine Joye et Bouvier, et Mathieu, guide du général en chef. Un religieux, Guérini, s'était embarqué en même temps[1]. La *Madone di Montenegro* fut arrêtée en pleine mer par un corsaire tripolitain qui débarqua Pouqueville, Joye et Fornier à Navarin, d'où, après mille péripéties, ils furent amenés à Constantinople aux Sept tours. Le capitaine du corsaire (il s'appelait Ourochs et était dulcignote), ayant plus tard rencontré l'escadre ottomane qui faisait le siège de Corfou, avait

1. Sur les aventures et la captivité de ces onze Français voir POUQUEVILLE, *Voyage en Morée*. Paris, 1805, 3 vol. in-8°.

jugé habile de livrer à l'amiral Kadri Pacha, qui les envoya eux aussi aux Sept tours, deux de ses prisonniers, l'adjudant-commandant Beauvais et Gérard ; il pensait ainsi dissimuler plus facilement la présence à son bord des autres officiers français qu'il espérait bien trouver l occasion de vendre un jour à beaux deniers comptants. Malgré ses précautions, le bruit se répandit qu'il « tenait en son pouvoir des prisonniers de distinction, possesseurs de malles remplies de sequins ; la fable grossissant en raison des distances, on dit même publiquement bientôt à Constantinople que le lest de la tartane était en entier de poudre d'or d'Abyssinie ». Une telle prise pouvant devenir compromettante, Ourochs crut bon de s'en défaire et vint jeter l'ancre devant Butrinto où il vendit Poitevin, Charbonnel, Bessières, Bouvier et Guerini à Ali Pacha, « dont les mains fumaient encore du sang des Français morts sur le champ de bataille de Prévéza ».

Sans perdre un instant, Ali utilisa les talents de ceux que sa bonne étoile mettait ainsi entre ses mains. Sur son ordre, Poitevin traçait les fortifications de Janina et établissait les plans des forts qui devaient être disséminés autour du lac ; Bessières dirigeait l'exécution de ces travaux, tandis que Charbonnel s'occupait de l'artillerie du Pacha.

A quelques kilomètres de Janina, à Bonila, à proximité du sérail et des jardins où il venait souvent se délasser, Ali avait établi une sorte de parc d'artillerie. Le colonel Charbonnel en prit la direction ; revêtu du costume des artilleurs du Pacha, portant leur grand bonnet noir, il commandait la manœuvre, surveillait la construction des affûts, organisait les ateliers de charronnage, dont toutes les pièces étaient sur ses indications tirées des forêts de platane et de chêne blanc de Vrontza et d'Arta. Il groupait à Bonila toute l'artillerie, jusqu'au mortier que le Pacha conservait dans son harem et qu'il dut faire descendre par l'escalier même des femmes. Grâce au colonel, « l'Achérusia vit un spectacle nouveau » ; les Albanais faisaient l'exercice avec une régularité qui aurait ravi d'aise leurs premiers instructeurs, les canonniers du général Chabot, Ried et Pollet aîné. Ali venait parfois avec ses fils et une suite nombreuse de beys, de bairaktars et de capitaines, admirer les progrès de ses soldats ; alors, du sérail de Bonila d'où l'on dominait le terrain d'exercice, partaient les acclations de toute la Cour quand un coup tiré d'une pièce de canon ou d'un mortier atteignait le but.

Par les services qu'ils lui rendaient, Charbonnel et ses compagnons amenèrent Ali à se montrer bienveillant à leur égard ; il les traita avec une confiance plus grande, les laissant jouir d'une liberté à peu près complète. Pris de pitié envers l'un d'eux, l'officier de marine, Bouvier, dont il n'avait rien pu tirer et qu'il voyait toujours « livré aux plus cruelles inquiétudes et en proie à une affliction quelquefois comique », il lui permit de rentrer en France. Il s'attacha par contre d'une manière inattendue un autre de ses prisonniers.

Guérini, par l'austérité de ses principes, en avait imposé à ses compagnons d'infortune qui dès le départ d'Alexandrie avaient observé envers lui la plus déférente attitude. Ils respectaient ce religieux, de l'ordre des Carmes déchaussés, qui avant d'être envoyé par le pape Pie VI à Malte en qualité de membre du Saint-

Office, avait « annoncé l'Évangile dans la Syrie et dans la Palestine, où il s'était formé à la connaissance des langues orientales ». Ils n'avaient pas été surpris que la vie des camps d'Égypte n'eût pas convenu à un moine dont la chute de Malte avait fait un interprète du général Desaix et ils avaient plaint Guerini d'en être réduit à partager leur captivité, alors qu'il se préparait à reprendre sa place dans le clergé de Rome. Mais « le cœur de l'homme est un abîme », Guerini n'était « qu'un moderne Escobar ». S'étant lié avec un des derviches dont le Pacha aimait à s'entourer, il se laissa entraîner à abjurer « à la face de tout Janina, il fit sa profession de foi, fut circoncis, et prit le nom de Méhémet ».

Ali fit du renégat l'imam de son Palais et l'un de ses principaux secrétaires.

De tels auxiliaires permettaient au Pacha de mettre à exécution ses anciens projets contre les Souliotes et contre le pacha de Delvino. Charbonnel lui organisa ses expéditions, auxquelles prenaient part « les paysans grecs mis en réquisition pour traîner les canons et les mortiers, sous le commandement de leurs papas, qui étaient les capitaines de cette singulière milice ». Au cours d'une de ces campagnes, Charbonnel trompant la surveillance des officiers du Pacha réussit à s'enfuir et à gagner Corfou. Depuis de long mois il cherchait, ainsi que ses compagnons, l'occasion de sortir d'esclavage. « Deux années révolues leur avaient trop appris qu'ils ne pouvaient pas compter sur la parole d'Ali ; sans cesse il leur promettait de les affranchir, et tout prouvait qu'il n'en avait pas la moindre intention. » Poitevin avait pu faire parvenir à Paris une lettre où il indiquait quels moyens on pourrait employer pour le délivrer ; mais avant même que Bonaparte, à qui cette lettre avait été remise, eût prescrit les mesures nécessaires[1], il avait quitté l'Albanie. Bessières, Charbonnel et Poitevin se retrouvèrent à Corfou, où de nouvelles aventures les attendaient avant qu'il leur fût donné de revoir la France.

En se voyant « privé des lumières d'hommes sur lesquels il comptait », Ali Pacha ne put maîtriser sa colère ; il chercha à reprendre de

1. Décision du 17 février 1801. *Correspondance*, nº 5387.

vive force ses trois prisonniers, et, n'ayant pu y parvenir, il reporta tout son intérêt sur le seul officier français qui restât en son pouvoir. Le lieutenant Fau fut dès lors tenu sous la surveillance la plus rigoureuse; pour empêcher qu'il ne lui fût réclamé[1], Ali niait qu'il se trouvât dans ses États, ayant juré « de le faire périr plutôt que de le rendre, quand même il recevrait un ordre de la Porte ». Le Pacha de Janina allait pourtant se trouver bientôt en mesure d'obtenir de nouveaux auxiliaires du gouvernement français. Avant même que les relations n'eussent été rétablies avec la Porte, la France avait envoyé un représentant auprès de la République septinsulaire ; la présence à Corfou de ce commissaire des Relations extérieures, l'adjudant-commandant Romieu, rendait prochaine la reprise de rapports que les pénibles souvenirs de Nicopolis pouvaient longtemps retarder. Romieu, qui avait tout d'abord

1. Dans une dépêche du 15 novembre 1803 (A. E., *Iles Ioniennes*, III), l'adjudant-commandant Romieu, consul à Corfou, indiquait encore l'inutilité de ses démarches faites en faveur de Fau à la demande de son père et d'un de ses anciens compagnons d'armes, le citoyen Salmon, capitaine à la première légère sortant du 6e de ligne.

observé une attitude d'extrême réserve à l'égard du Pacha, n'eut pas longtemps à attendre ses avances[1]. Les émissaires d'Ali venaient fréquemment à Corfou; ils y étaient reçus chez un Marseillais, nommé Martin, qui était établi depuis quelques années dans les îles Ioniennes et qui à plusieurs reprises avait accompagné l'adjudant général Roze dans ses tournées en Épire ; ils obtinrent facilement de lui qu'il se rendît auprès du Pacha « pour traiter d'affaires de commerce ». C'était le prétexte imaginé pour entamer la conversation avec Romieu. Il ne fut d'abord question que des commissions dont le Marseillais serait chargé ; dans le second entretien on parla déjà de cadeaux, « une paire de pistolets de la manufacture de Versailles »; on en arriva bientôt aux fournitures faites aux troupes du général Gentili et restées impayées; commissions et réclamations figuraient dans un mémoire que rédigeait Méhémet Guerini en s'efforçant de « concilier l'incertitude et l'ignorance asiatiques des usages avec ce que le décorum exige rela-

1. A. E. *Iles Ioniennes*, III.

tivement aux personnages [1]. » Des protestations d'amitié accompagnaient bien entendu ces entretiens; elles se faisaient plus pressantes à mesure que le Pacha voyait la situation de la France s'améliorer et ses propres affaires se troubler. Il n'avait pas été confirmé dans la charge de vice-roi de Roumélie qui avait été donnée au Pacha de Bosnie; il sentait le besoin de s'assurer une protection. « Il prétend ne pas souffrir les Russes et les Anglais. Je crois, rapportait Romieu, qu'il n'aime pas davantage les Français, mais comme il n'a d'autre but que de résister à la Porte et de se maintenir dans son indépendance, il se liera avec la puissance dont il espérera un secours pour suivre ses projets ambitieux. » L'archevêque d'Arta vint de sa part faire au commissaire des Relations extérieures, les déclarations les plus amicales, qu'Ali confirmait en personne à Martin lors de ses visites à Janina : « il a toujours eu les entrailles françaises ;... sur la tête de ses enfants il jure qu'il n'a jamais regardé la France que comme son amie; il est reconnaissant à la

1. Méhémet Guerini au citoyen Martin. Janina, 28 mars 1803.

France de cette amitié dont il est plus que personne flatté; il est prêt à tout pour la reconquérir;... est-il un aveugle qui ne fît des sacrifices pour recouvrer la vue ?.. Les Français l'ont trompé et le cœur lui en saigne ; il est vrai qu'il a trahi Roze; il l'avoue; mais il y a été forcé par les intrigues de Chabot... ; il n'a agi que par nécessité... ; il a dû coudre la peau du renard à celle du lion !... »

Pour Ali, les souvenirs de Nicopolis n'existaient déjà plus ; le Gouvernement français eut bientôt intérêt à les laisser également s'effacer.

III

Reprise des relations.

L'occupation de la Dalmatie ramène l'attention de la France sur l'Albanie. — Pour surveiller les intrigues de la Russie et de l'Angleterre dans ces régions, Romieu, commissaire des Relations extérieures à Corfou, propose de nommer Loverdo consul à Janina.

Création du consulat de France à Janina. — L'auteur du *Voyage en Morée*, Pouqueville, est nommé à ce poste. — Julien Bessières désigné pour l'installer.

Débarquement de Pouqueville et de Bessières sur la côte albanaise. — Mœurs albanaises. — Rencontre d'Ali Pacha — Portrait du Pacha. — Départ pour Janina.

Pouqueville et Bessières logent au Palais. — La vie au *Castro*; la journée d'un pacha; cuisine et musique albanaises; la cour d'Ali; renégats français et médecins italiens; le Dr Louis Frank; derviches et secrétaires grecs.

Bessières repart pour la France, laissant Pouqueville seul à Janina.

L'influence française avait en Orient subi une atteinte grave à la suite de l'expédition d'Égypte. Dans toutes les échelles du Levant nos colonies florissantes avaient en quelque sorte disparu ; les Anglais y avaient pris la place des Français internés au bagne de Constantinople ou dans les forteresses de la mer Noire. Dès que par la paix d'Amiens des relations normales purent être rétablies avec la Turquie, Bonaparte chercha à regagner le terrain perdu et son attention se porta de nouveau sur ces terres d'Orient dont il n'avait dû qu'à regret se désintéresser pendant quelques années. Nos armées nous en rapprochèrent d'ailleurs bientôt. En mettant la Dalmatie sous notre domination, le traité de Presbourg nous obligeait à nous occuper de ce qui se passait dans le Sud de l'Adriatique ; les îles Ioniennes, et les régions qui les avoisinaient reprenaient de l'intérêt pour nous ; il fallait y surveiller les intrigues de l'Angleterre dont les flottes ne cessaient de croiser dans ces eaux, ou l'action de la Russie qui s'exerçait toute-puissante sur la République septinsulaire. Les mouvements des insurgés serviens, les faits et gestes des pachas quasi indépendants de la Bosnie et de l'Albanie ne pouvaient nous laisser indifférents par les répercussions qu'ils menaçaient d'avoir sur la Dalmatie voisine. Il était devenu nécessaire de bien connaître « ces pays d'orage ». Pour faciliter la tâche de l'état-major de l'armée de Dalmatie des postes d'observation furent créés à Trawnik en Bosnie, à Scutari d'Albanie, à Janina.

Le pacha de Janina était en effet devenu une sorte de petit souverain avec lequel il fallait compter. Déjà Romieu, commissaire des Relations extérieures auprès de la République septinsulaire, avait pensé à placer à Janina un agent officieux et il avait proposé pour cette fonction un céphaloniote, le capitaine Loverdo. Sa suggestion n'avait pas été accueillie par Bonaparte qui, pourtant, dès 1801 avait compris l'utilité d'avoir un agent à Janina et avait un moment songé à y envoyer le chef de bataillon Carbonnel[1]. En 1804, Romieu revint sur sa proposition ; il avait amené à Paris son candidat ; il le recommanda instamment au gouvernement : Nicolas Loverdo était « son ami intime » ; sa moralité lui semblait à toute épreuve, il en répondait comme de lui-même ; il avait servi douze ans dans l'artillerie française avec le grade de capitaine ; « aux talents les plus distingués dans son arme, il réunissait les plus

1. Lettre de Bonaparte à Talleyrand, 23 mai 1801. *Correspondance*, n° 5588.

grandes connaissances en littérature, histoire, statique, et sciences positives ; il parlait grec et italien ; il connaissait particulièrement les alentours d'Ali Pacha, son caractère personnel, les mœurs et les coutumes des habitants du Levant ». Soit comme agent secret à Janina, soit comme commissaire ou sous-commissaire des Relations extérieures à Prévéza ou Arta, personne mieux que lui ne pouvait, d'après Romieu, mettre le gouvernement « au courant de toutes les menés des Russes dans la haute et la basse Albanie, tout en excitant les craintes d'Ali Pacha contre cette intrusion de la politique russe dans ses domaines, en lui montrant les dangers qu'il court et en lui indiquant les moyens qu'il a à employer pour y résister[1]. »

Mais, quelles que fussent ses qualités, le céphaloniote Loverdo ne répondait pas aux vues de Napoléon. Le gouvernement français avait vu interrompre si brutalement des relations avec le Pacha de Janina qu'il ne pouvait convenir à sa dignité de les renouer d'une façon

1. Lettre de Romieu au ministre des Relations extérieures 17 juillet 1804, 25 ventôse an XIII. A. E. *Iles Ioniennes*, t. IV ; *Corfou*, carton III.

détournée, au moyen d'un agent officieux ou sans autorité. S'il consentait à oublier les trahisons d'Ali de Tépelen, la perte des soldats tombés en héros à Nicopolis et les barbares traitements imposés aux malheureux survivants de ce combat de légende, il ne devait le faire qu'en s'imposant en quelque sorte à Janina. L'agent placé auprès du Pacha devait avoir été le témoin d'un passé si douloureux pour ne pas être dupe dans l'avenir, et pour donner à son installation sa véritable signification, il convenait de le faire présenter par un des Français qu'Ali avait eus en son pouvoir et dont il avait apprécié les services. Bessières fut choisi pour ce rôle.

Cousin du maréchal Bessières, Julien Bessières devait à cette parenté avec le commandant de la garde impériale d'avoir été nommé directeur des droits réunis dans le département des Hautes-Alpes ; il espérait pouvoir dans ce poste se reposer de ses fatigues d'Égypte et de ses aventures d'Albanie ; mais les relations qu'il avait eues avec le Pacha de Janina avaient fait de lui un homme trop utile pour qu'on le laissât se renfermer dans ses fonctions adminis tratives. La mission de rétablir des relations officielles avec Ali Pacha lui fut confiée ; un compagnon de voyage lui était donné et si le Pacha de Janina consentait à voir résider auprès de lui un agent français, Bessières devait l'installer à Janina en qualité de consul de l'Empereur. Pour faire accepter plus facilement au Pacha la présence de ce résident, il avait paru convenable de choisir un agent qui eût des connaissances médicales et pût ainsi, au début tout au moins de sa mission, être considéré plutôt comme un médecin au service du Pacha que comme un agent politique chargé de le surveiller. Un ami de Bessières, son ancien collègue à la commission des Sciences et des Arts d'Égypte, François Pouqueville[1], remplissait ces conditions. Il venait de publier, sous le titre : *Voyage en Morée, à Constantinople, en Albanie et dans plusieurs autres parties de l'Empire ottoman*

1. Abbé Rombault, *François Pouqueville, membre de l'Institut*. Bulletin de la Société historique et archéologique de l'Orne, VI, p. 43. — J. Lair, *Pouqueville*, Mémoire lu à l'Académie des inscriptions, 14 novembre 1902 ; *la Captivité de François Pouqueville à Constantinople* (1800-1801). Bulletin de la Société des antiquaires de Normandie, XXV.

pendant les années 1798, 1799, 1800 et 1801, le récit de ses propres aventures pendant sa captivité à Tripolitza et aux Sept tours et de celles de ses différents compagnons de voyage à bord de la *Madone di Montenegro.* L'ouvrage avait eu le plus grand succès ; l'auteur avait d'ailleurs eu l'habileté de le dédier à l'Empereur. L'honneur de publier son voyage sous de tels auspices et « d'associer aux souvenirs immortels de la Grèce le nom le plus illustre des temps anciens et modernes, celui de Napoléon », lui faisait oublier « sa captivité et trois années de souffrances passées chez les Musulmans ». Mais ce ne fut pas sans grande hésitation que Pouqueville accepta la mission pénible pour laquelle le désignait la confiance de l'Empereur. L'Orient n'était plus pour lui « une terre de prodiges »[1], il savait par expérience à quelles incommodités, à quels dangers il allait être exposé ; il hésitait, pour courir de nouvelles aventures, à abandonner la carrière scientifique à laquelle il se préparait par la publication de son traité sur la peste d'Orient ; le ministre reconnaissait

1. Pouqueville, *Voyage de la Grèce,* 2e édit., I, p. 11.

d'ailleurs lui-même les dangers de la mission et il recommandait à Bessières comme à Pouqueville d'éviter « d'exposer à des insultes la personne d'un Français et surtout celle d'un agent de S. M. La dignité du souverain qui vous envoie vous commande à cet égard une prudence que votre zèle ne vous conseillerait pas[1] ».

Pouqueville quitte Paris le 21 octobre 1805[2] : il rejoint Bessières à Milan et tous deux, en compagnie d'un guide envoyé à leur rencontre par Ali Pacha, partent de Raguse, le 22 janvier 1806, sur la *Stella di Bonaparte,* chébek armé en course, dont le patron, le capitaine Marcilesi[3], « marin expérimenté qui courait les mers depuis onze années, » les débarqua le 1er février à Porto-Panormo, après une navigation assez périlleuse qui les avait obligés à

1. Instruction à Bessières, 2 vendémiaire an IV. A. E. *Janina.*

2. POUQUEVILLE, *Voyage de la Grèce.*

3. Le 25 mai 1811, Pouqueville recommandait le capitaine Marcilesi, « un de ses bons amis », au général Donzelot : « je l'ai connu, il y a six ans, commandant l'*Étoile de Bonaparte* ; je l'ai vu brave, honnête et désintéressé ; je vous prie de l'aimer et de lui accorder votre bienveillance ». *Papiers Donzelot.*

un arrêt de quelques jours sur l'îlot inhospitalier de Saseno, en face d'Avlona. Ils n'avaient qu'avec difficulté trouvé Panormo, « que personne à bord ne connaissait » ; leur guide « indiquant tantôt un lieu, tantôt un autre, en ajoutant à chaque bévue son exclamation accoutumée : *Allah Kérim ! Dieu est grand !* résignation dont les marins ne s'accommodaient pas ».

Au petit fortin qu'Ali entretenait à Panormo pour surveiller les habitants de la Chiméra, un officier attendait les envoyés de l'Empereur « depuis vingt-neuf jours et sa consigne était telle que, malgré l'ennui de sa position, il n'avait pas osé s'éloigner de la tour où il se morfondait ». Pour se dédommager, il fit fête à ses hôtes. « Le repas fut ce qu'il devait être en pareille compagnie ; on fit grand bruit », et quatre moutons entiers passèrent de la table consulaire, « où ils furent présentés pour la forme », sur celle des Albanais. « Dans un clin d'œil tout fut dévoré ; on tira ensuite les sorts en consultant les reflets des ombres dans les omoplates qu'on présentait à la lumière. Les uns y virent la guerre, d'autres de l'argent, et tous de longues années promises au vizir Ali Pacha, au nom duquel son officier les régala d'une outre de vin, pour les remercier d'un aussi fortuné présage. Après cette évocation magique, les Albanais chantèrent, dansèrent, burent à la santé de leur Pacha et finirent en tendant la main pour demander les étrennes d'adieu. »

En s'éloignant de la côte, les voyageurs eurent un spectacle qui fut pour Pouqueville comme un avertissement des misères auxquelles il allait assister en Albanie ; leur arrivée à Delvino se fit à la lueur de l'incendie du bazar pillé par les soldats d'Ali. Près de Delvinaki, ils s'arrêtèrent à Mouchari, tchiflik et maison de campagne du Pacha, pour y recevoir ses ordres.

Ali était venu au-devant d'eux ; il les attendait à quelques heures de Janina, près du monastère de Sainte-Élie, dans son nouveau kiosque de Dzidza. Dès qu'ils furent annoncés, et malgré l'heure tardive, il les fit introduire auprès de lui. La lumière vacillante d'une bougie jaune éclairait mal la salle d'audience où il se tenait debout, attitude qui ne lui convenait pas, car en raison de sa petite stature et de sa corpulence il ne paraissait vraiment imposant que lorsqu'on le voyait à cheval ou accroupi dans l'angle de son divan. Après un salut, il embrassa Bessières et, reculant, par un mouvement de titubation familier à ses jambes grêles qui soutenaient mal son gros ventre, il se laissa tomber sur son sopha sans paraître avoir aperçu le Consul de l'Empereur. Pouqueville connaissait trop bien le protocole de l'Orient pour s'en formaliser. Les compliments d'usage ayant été échangés, le drogman particulier du Pacha fut introduit et ce ne fut pas sans surprise que les deux voyageurs reconnurent leur ancien compagnon d'infortune à bord de la *Madona di Montenegro,* l'inquisiteur de Malte, Marco Guerini, devenu, sous le nom de Méhémet effendi, le secrétaire favori et le Ministre des Affaires étrangères du vizir de Janina. Ces trois hommes, dont la vie avait été traversée par tant d'aventures depuis qu'ils s'étaient connus à l'armée d'Égypte, se trouvaient ainsi réunis devant le Pacha dont ils avaient été prisonniers. Cette subite rencontre dut évoquer en leur esprit des souvenirs bien divers et, pour dissimuler la gêne qu'il en ressentait lui-même, le Pacha se mit aussitôt à « diriger la conversation en faisant des questions avec une volubilité peu ordinaire aux Turcs. » A travers l'ombre, Pouqueville distinguait « les éclairs de ses yeux » ; il écoutait « ses discours vagues en apparence et pourtant remplis d'astuce ». Le Pacha « s'agitait ; il riait, il parlait, nul mot de sa part n'était vide de sens malgré l'abondance de son élocution » ; et Pouqueville, en remontant dans la nuit au monastère de Sainte-Elie où une chambre lui avait été préparée, sentait encore peser sur lui les regards scrutateurs d'Ali ; il songeait tristement à la vie qu'il allait mener auprès de ce rusé albanais, en qui il était si déçu de n'avoir trouvé « ni un Thésée, ni un Pyrrhus, ni un vieux soldat couvert de cicatrices ».

Dès le lendemain une nouvelle entrevue avait lieu ; Ali en effet n'avait pas attendu qu'il fît jour pour faire chercher ses hôtes ; déjà la foule se pressait à la porte de la salle d'audience. Des huissiers, tchaouchs armés de longs bâtons, ouvrirent un passage à Bessières et au Consul de l'Empereur, qui put alors en plein jour considérer le maître de l'Épire. « Il approchait de la soixantième année ; sa taille, qui n'était guère que de cinq pieds trois pouces, était déformée par un embonpoint excessif. Ses traits chargés de rides n'étaient cependant pas entièrement effacés ; le jeu mobile de sa physionomie, l'éclat de ses petits yeux bleus lui donnaient le masque terrible de la ruse jointe à la férocité [1] » que rendaient plus singulier encore « ses énormes moustaches toujours barbouillées de tabac à priser [2] ». Il avait les mains très belles; dans ses doigts, chargés de bagues précieuses, il maniait quelque tabatière enrichie de brillants, venant de France ou d'Angleterre, ou roulait son *tesbih,* chapelet de dix-neuf grosses perles orientales extorqué en 1804 à un marchand de la place Dauphine qu'il avait attiré à Janina [3]. Les pistolets et les poignards qu'il avait à sa portée étaient couverts de diamants. La simplicité de

1. Pouqueville, *Voy. de la Grèce,* I, 20.
2. Ibrahim Mansour effendi, *Mémoires,* 359-363. — D'après Pouqueville, c'était « le tabac, gros, fabriqué à Santa-Justina à Corfou » que le Pacha prisait avec le plus de plaisir. Lettre au général Donzelot, 16 février 1811. *Papiers Donzelot.*
3. Pouqueville, *Régénération,* I, 276.

sa coiffure contrastait avec la somptuosité de ses vêtements ; il ne portait de turban que deux fois par an, aux deux Baïrams, et seulement à la mosquée ; le reste du temps il avait la *Choubarré* ou bonnet en velours bleu ou violet galonné d'or, que le portrait de Dupré a rendu populaire.

Les éclats très forts de son rire guttural déconcertèrent ses visiteurs, qu'étonna également la volubilité avec laquelle il s'exprimait, mélangeant sans cesse au Turc, l'Albanais ou le Romaïque. Il n'en disait pas moins « des choses mêlées d'une certaine grâce ». La vue des cadeaux que Bessières lui apportait de la part de l'Empereur le rendit « tout radieux » : il les reçut « avec avidité », se répandant en protestations vulgaires envers ses hôtes, les appelant « ses enfants, ses frères, ses bons amis », et, comme s'il eût aperçu alors Pouqueville pour la première fois, il daigna lui promettre sa protection pour les fonctions consulaires qu'il allait remplir auprès de lui.

Le jour même, tout en leur offrant en cours de route le divertissement d'une chasse qui dans un moment couvrit tous les coteaux environnants de cavaliers albanais, le Pacha conduisit ses hôtes à Janina ; il les y logea dans son palais, où Pouqueville devait rester incognito en attendant l'arrivée du *Bérat* impérial qui le ferait reconnaître officiellement par une population peu accoutumée à voir un étranger séjourner au milieu d'elle.

Ali habitait alors, encore, sur le promontoire qui domine le lac, son ancien sérail, le *Castro,* immense construction de bois, formant comme une ville dans la ville même, dont la séparait une muraille fortifiée. Des soldats, le *tchibouk* à la bouche, le long bâton blanc ou *sopa* à la main, en gardaient les portes. Dans les cours où étaient toujours exposées quelques têtes fraîchement coupées, régnait l'animation la plus grande. Des hommes logeaient en effet par milliers au *Castro*. Bâti sur un plan carré, le Palais, auquel le harem, invisible, s'adossait, était divisé par une aile de bâtiments séparant deux cours ; au rez-de-chaussée se trouvaient les écuries ; au-dessus les appartements du Pacha et de ses gens ; un vaste corridor élevé en saillie sur la cour conduisait dans toutes les chambres ; la garde couchait sous cet espèce d'abri.

Un nombreux domestique encombrait les cours et les corridors ; cafetiers, donneurs de pipes, limonadiers ou scherbedgis, confiseurs, baigneurs, tailleurs, barbiers, huissiers ou tchaouchs, ichoglans ou pages, mignons, bouffons, musiciens, joueurs de marionnettes, porteurs de Karagheus et de lanternes magiques, lutteurs ou pehlevans, joueurs de gobelets, danseurs, imams, bourreau. Depuis le matin jusqu'au soir tout ce monde était en mouvement :

« On se lève au Palais avant le soleil pour vaquer à la prière que précèdent les ablutions. On sert ensuite les pipes et le café à l'eau ; parfois le vizir monte à cheval et va jouir du spectacle du djerid, ou bien il est occupé par les audiences publiques. Alors il rend la justice en personne, fait pendre ou bâtonner, ou absout enfin, car il réunit tous les pouvoirs. A midi, nouvelle prière, et le dîner ; à trois heures après-midi, prière, parade militaire, musique ou plutôt charivari. On entre au Selamlik ; le pacha reçoit des visites et pour le récréer, on lui verse du scherbet, on lui narre les contes des *Mille et une Nuits* ; ses bouffons viennent faire des grimaces et on psalmodie des versets du Coran. Au coucher du soleil, prière, puis le souper après lequel on fume. Au bout d'une heure et demie, cinquième et dernière oraison ; à peine est-elle terminée que la retraite est annoncée par la musique[1]. »

Ce programme officiel de la journée d'un Pacha ne devait pas être rigoureusement suivi à Janina ; car souvent Ali était nuit et jour occupé, prenant à peine quelques heures de repos : il entendait ses sujets à toute heure, recevait ses nombreux courriers, ses marchands, ses capitaines, descendant des plus grandes aux plus petites affaires, « n'oubliant ni les choses, ni la physionomie des hommes. Il faut avoir bonne mémoire avec lui », écrivait Pouqueville dans un de ses premiers rapports[2].

L'incognito conservé par le consul lui permit de vivre pendant quelques jours avec la plus grande facilité de la vie du Palais ; le Pacha lui donna d'ailleurs quelquefois l'occasion d'en pénétrer le mystère. Les pages, les serviteurs, aux costumes éclatants, dressaient alors

1. Pouqueville, *Voy. en Morée,* I, 52-53.
2. Pouqueville au ministre de la Guerre, 30 juin 1806. A. G.

sur le large plateau de vermeil qui faisait office de table, un service de belles porcelaines de Sèvres orné de dessins de l'école française, et l'on servait un grand nombre de plats qu'Ali se contentait de toucher du doigt pour montrer qu'il les agréait et qu'on pouvait les retirer ; il se réservait pour la pièce de résistance, l'agneau entier, du poids de douze livres, dont il avalait sans mâcher plus de la moitié, en y ajoutant quelques gousses d'ail, des œufs durs, une anguille rôtie au four. Après le pilaw au yohourt qui terminait tous ses repas, le Pacha prenait une glace dans la patène d'or trouvée, avec le calice qui lui servait à boire l'eau de sa source favorite, dans les ruines fumantes de l'Eglise de Prévéza[1]. Le pilaw excepté, Pouqueville goûtait peu ces repas où on ne lui présentait que « du mouton à toutes les sauces, de l'amidon parfumé au musc ou à l'eau de rose, des pâtisseries au miel, à l'huile ou à la graisse[2] ». Il n'aimait pas davantage le concert des ichoglans qui accompagnait toujours le dîner du vizir. Le daïré ou tambour de basque

1. Pouqueville, *Régénération*, I, 136.
2. Id., *Voy. en Morée*, I, 56.

donnait la mesure à la flûte du derviche au son aigu, à la flûte de Pan, l'instrument populaire des Balkans que les modernes Lautares ont fait connaître en Europe, au tambour et au psaltérion des tziganes, qui formaient les principaux éléments de cette musique, où la viole d'amour (*Sini Kemam*) venue de l'Italie unissait ses sons au *rebab*, le violon national des Turcs. Si Pouqueville trouvait un certain charme dans la douceur des romances et dans les gestes des musiciens, il était choqué des voix féminines et des airs minaudiers qu'affectaient les ichoglans quand ils chantaient et dansaient au bruit des castagnettes ; ces danses lui semblaient « révoltantes pour un homme étranger à leurs mœurs[1] ».

Les fils du Pacha, Mouktar et Vély, avaient comme leur père, un entourage de familiers et chaque année, le Castro voyait grandir la Cour des Pachas[2]. A tout instant des aventuriers s'y présentaient. On ne comptait plus les renégats

1. Pouqueville, *Voy. en Morée*, I, 55.

2. Veli Pacha avait, entre autres médecins, un Milanais, Velani, ancien médecin du Caïmakan de Constantinople, que Pouqueville recommandait au général Donzelot par une lettre du 27 novembre 1810. Papiers Donzelot.

à Janina. Cerfbeer, de Strasbourg, le lieutenant de hussards qui, sous le nom d'Ibrahim Mansour effendi, devait laisser de si curieux mémoires sur l'Albanie, n'y était pas encore arrivé, mais Pouqueville y trouvait déjà avec Mollah Suleïman, ancien officier au service de Naples, plusieurs Français: Watrin, officier de l'armée d'Italie, qui s'était fait musulman en 1804[1]; Jérôme de La Lance, gentilhomme savoisien, qu'une affaire malheureuse avait obligé de quitter son pays; Michel, charpentier parisien, déserteur d'un navire de guerre, que le Pacha avait marié par force à une femme grecque et qu'il avait placé à la tête de ses ateliers de menuisiers, charrons et tourneurs. Des médecins se mêlaient à ces aventuriers ; la plupart étaient Italiens, « ils arrivaient du fond de l'Adriatique comme des oiseaux de proie que la faim appelle dans un pays rempli de gibier, ce qui faisait dire à un ambassadeur de Venise que la Sérénissime République n'avait jamais perdu le goût des croisades, puisqu'elle ne cessait avec ses médecins de faire la guerre

1. Romieu au Ministre des relations extérieures, 6 juillet 1804. A. E. *Iles Ioniennes*.

aux infidèles ». Ils étaient de la force du vieux Tosoni[1], dont les connaissances médicales se bornaient « à ordonner à tout propos le *laudanum liquidum* et toujours le *laudanum liquidum* »[1]. Mais Ali avait peu de confiance en eux ; il avait plusieurs médecins grecs, et depuis plusieurs années il entretenait à ses frais à la faculté de Vienne un jeune Grec de Janina, nommé Lucas Via ; en attendant qu'il lui fût possible d'en faire son médecin particulier[2], il avait réussi à se procurer un praticien sérieux, le Dr Louis Franck, qui devait plus tard à Parme donner ses soins à l'impératrice Marie-Louise.

C'était auprès du Dr Franck que Pouqueville se réfugiait dans ses moments de loisir pour se dédommager des conversations qu'il était forcé d'avoir avec les mignons du Pacha, Matho le Petit ou Matho le Grand, avec ses ministres, Hadji Chekri effendi ou Omer bey Vrioni, généralissime de ses armées, et ses familiers,

1. POUQUEVILLE, *Voy. en Morée*, III, 12.

2. Lucas revint de Vienne en juillet 1810, en passant par Trawnik où Pouqueville l'avait recommandé au consul général de France, David. Lettre de Pouqueville à David du 5 juillet 1810. A. E. *Iles Ioniennes*.

Méhémet Metchobono, « très brave homme, malgré sa rusticité albanaise », ou le cheikh Mazout effendi, supérieur d'un tekhé de Scutari qui, chaque année, venait du Bosphore, passer quelques mois à la Cour de Janina *pour y déployer « tous les talents* d'un excellent convive »[1].

L'élément grec était le plus nombreux autour du Pacha. Les Grecs d'Épire, des Iles, de Morée, de Valachie ou de Moldavie, se mêlaient à ceux de Janina et faisaient de cette ville un véritable centre de culture hellénique. Si Ali aimait à s'entourer de derviches et d'astrologues, il n'en protégeait pas moins les lettrés grecs ; il en laissait quelques-uns, Psallidas par exemple, vaquer à des études que vantaient les Européens de passage ; il savait utiliser les talents des autres.

Ces secrétaires manquaient peut-être de caractère, mais, en dépit de leurs défauts, Spiro Colovo, Kyrico, Athanase Via et son frère Luca, Costa Grammatico, Mantho Oeco-

1. Th. S. Hughes donne les plus curieux détails sur les facéties auxquelles se livrait ce vénérable cheik en présence du Pacha.

nonori, et Sakellarios[1], pour ne rappeler que ceux dont les noms sont le plus fréquemment cités dans les récits des voyageurs, méritent de voir leur souvenir se conserver : par leur rôle à la Cour du Pacha, ils ont contribué au maintien et au développement de la conscience nationale hellénique ; ils ont leur place marquée dans les annales de la régénération de la Grèce.

C'est au milieu de ce monde singulier que Bessières laissa Pouqueville.

Dès que le Bérat impérial fut parvenu de Constantinople, le 4 mars 1806, après un mois de séjour au Castro, il quitta Janina, chargé de présents pour le prince Eugène et pour Napoléon Ier ; en lui remettant pour l'Empereur le sabre du grand Khan de Crimée, Selim Gouraï, Ali lui avait dit :

« Il n'a pu préserver des Russes les États de son premier maître : je l'envoie à celui qui l'a si bien vengé à Austerlitz ».

Pouqueville ne se sépara pas de son compagnon, « sans un serrement de cœur bien

1. Aravantinos. *Histoire d'Ali Pacha de Tepélen* (en grec), Athènes, 1895, in-8.

pénible : il se voyait comme abandonné sur une terre barbare », « il était rempli de préventions fâcheuses... Mais le pas était fait[1] ».

Il était consul de l'Empereur, il ferait son devoir.

1. Pouqueville, *Voyage de la Grèce*, I, 122.

IV

Période d'illusions réciproques.

Heureux débuts du consul de l'Empereur ; son intimité avec le Pacha. — Concours qu'Ali peut apporter à l'armée de Dalmatie pour ses opérations contre les Russes, maîtres des îles Ioniennes. — Il demande des subsides et des secours à l'Empereur. — Le roi de Naples lui envoie avec Bourbaki des canons et des munitions. — Le général Marmont lui envoie avec le lieutenant Poncelon, trente canonniers.

Le colonel des chasseurs d'Orient, Nicole Papas Oglou, commande les troupes du Pacha. — Le colonel Guillaume de Vaudoncourt dirige ses fortifications. — Opérations contre les Russes et siège de Sainte-Maure.

Ali demande Sainte-Maure ou Corfou à l'Empereur. — Ambassade extraordinaire de Méhémet effendi. — Le roi d'Épire. — Audience du renégat à Tilsitt. — Les lettres de l'Empereur et de Talleyrand au Pacha et à Méhémet effendi. — Insuccès de l'ambassade.

Le traité de Tilsitt donne les îles Ioniennes à la France. — Déception du Pacha : il se détourne du consul et renvoie les canonniers français.

Malgré ses appréhensions, le consul eut d'heureux débuts. Jamais en effet les relations d'Ali Pacha avec la France ne furent aussi bonnes qu'à cette époque. Les Russes occupaient les Iles Ioniennes, leurs escadres croisaient dans l'Adriatique ; de leur conflit avec l'Empereur, le Pacha se flattait de tirer quelques avantages ; Napoléon d'ailleurs le lui avait lui-même laissé espérer. En recevant des mains de Julien Bessières, au retour de sa mission, la lettre et les présents d'Ali, il avait donné à son Ministre des Relations extérieures l'ordre de faire savoir au Pacha qu'il avait plaisir à posséder le sabre de Selim Gouraï, qu'il connaissait les bonnes dispositions dont il était animé, qu'il ne doutait pas de son zèle à surveiller les Grecs pour les empêcher d'aider les Russes dans leurs intrigues albanaises. Pouqueville était invité à ajouter à ces formules officielles une confidence : « Si Corfou tombe en mon pouvoir, je ne pourrai le confier à une meilleure garde qu'à celle d'Ali Pacha[1]. » Cette déclaration faite, Pouqueville jouit à la Cour de Janina de la plus grande faveur : le Pacha ne le quittait plus ; il ne cessait en sa présence de s'exprimer sur le compte de l'Empereur avec le plus grand enthousiasme[2] :

1. Napoléon à Talleyrand, 19 juin 1806. *Correspondance*, n° 10378.

2. Pouqueville au ministère de la Guerre, 30 juin 1806 A. G.

« Que ne suis-je de ta famille, dussé-je être chrétien ! » s'écriait-il en contemplant un portrait de Napoléon qu'il tenait entre ses mains. Il avait d'ailleurs de justes motifs de se montrer reconnaissant envers l'Empereur, car il venait d'obtenir, grâce aux démarches de l'ambassade de France à Constantinople, les pachaliks de Morée et de Lépante pour ses fils Mouktar et Veli.

Dans les derniers mois de l'année 1806, la tension étant, à la suite de la non-ratification par le Tzar du traité d'Oubril, devenue plus aiguë entre la France et la Russie, Ali sentit toute l'importance du rôle qu'il pourrait jouer. Une guerre nouvelle allait commencer dans laquelle Napoléon entraînait l'Empire ottoman. En tous sens la Turquie était parcourue par des officiers de l'armée de Dalmatie, qui excitaient contre les Russes les pachas, les encourageant à la résistance, leur annonçant la prochaine arrivée sur le Danube d'un corps français de 25 000 hommes[1]. On voyait à Roustchouk, auprès de Moustapha Bairactar, l'adjudant com-

1. *Correspondance*, nos 11729, 11734, 12276, 12277.

mandant Charroy-Bailleul; à Sistovo, à l'armée du grand vizir le major Boutin ; le capitaine Bigex passait à Widdin, où l'adjudant commandant Mériage avait dans la capitale de Passwan Oglou établi un centre d'informations : de là il envoyait aux ambassades de Vienne et de Constantinople et à l'état-major de Zara des renseignements précis sur les progrès des révoltés serbes ou les mouvements des armées russes en Moldavie[1].

Le Pacha de Janina ne pouvait rester en dehors de cette activité. Des secours en armes et en munitions étaient envoyés sur l'ordre de l'Empereur à tous les chefs bosniaques ou albanais avec lesquels les généraux de Dalmatie ou d'Italie étaient en relations. Ali sollicita avec avidité sa part dans cette distribution, demandant à la fois au roi de Naples, au vice-roi d'Italie, au commandant en chef de l'armée de Dalmatie, allant jusqu'à faire quémander ses agents à Constantinople auprès de l'ambassadeur de France. Sébastiani, qui était alors

1. A. Boppe, *La mission de l'adjudant commandant Mériage à Widdin*. Annales de l'École des Sciences politiques, 15 avril 1886.

dans tout le feu de son action contre les Anglais et les Russes, ne pouvait qu'accueillir avec faveur la requête du Pacha; il la recommandait aussitôt à Marmont : « Ali Pacha, dont les forces sont assez considérables pour résister sur les côtes de l'Épire aux Russes et à leurs partisans, manque de boulets du calibre de douze et de seize, ainsi que de poudre. Je vous prie en grâce de faire tous vos efforts pour lui en envoyer le plus que vous pourrez, soit par terre, soit par mer, et même, s'il est possible, de lui expédier quelques officiers d'artillerie[1]. »

Mais les demandes répétées du Pacha indisposèrent l'Empereur : « Ali Pacha n'a besoin d'aucun secours, faisait-il écrire à Marmont. 2000 ou 3000 Russes qui sont dans Corfou ne peuvent l'attaquer dans ses montagnes. Veut-il quelques barils de poudre, quelques boulets? Vous pouvez les lui donner[2]. » L'Empereur consentait cependant à lui faire envoyer quel-

1. Sébastiani à Marmont, 28 janvier 1807. DUC DE RAGUSE, *Mémoires*, I, p. 93.

2. Lettre du 6 mars 1807. M. G., *Dalmatie*. — *Mémoires de Joseph*, III, p. 296 et 303. — A. E., Correspondance de Céphalonie, *Zante*, II.

ques canons, des munitions et un petit nombre d'artilleurs. « Mais il ne faut pas pousser cela trop loin, écrivait-il au roi de Naples. Il suffit de belles paroles. Cet homme est faux[1]. » Deux bâtiments partirent de Naples avec 4 canons, 3 000 boulets et 20 canonniers sous la conduite de Bourbaki, notre agent à Céphalonie, pendant que Marmont expédiait de Raguse, par terre, 18 canonniers avec 2 caporaux, 2 sergents et le lieutenant Ponceton, du 2e régiment d'artillerie à pied[2].

Le commandement de cette petite troupe était donné à un officier dont la carrière est certainement une des plus curieuses parmi celles de tant d'autres soldats de fortune de l'Empire. Grec d'origine, Hadji Nicole Papas Oglou était, après toute une vie d'aventures[3], amiral de

1. *Correspondance*, n° 12664.

2. Claude Ponceton, né le 26 mars 1768, à Saint-Georges de Renon (Ain), entré au service au 2e régiment d'artillerie à pied, le 10 avril 1787 ; fourrier le 10 août 1793 ; lieutenant le 21 avril 1805. Nommé capitaine le 31 août 1809, Ponceton prit sa retraite comme commandant d'artillerie en 1819. Il mourut le 13 janvier 1844. Il avait obtenu une grenade d'honneur le 27 frimaire an XI et avait été nommé membre de la Légion d'honneur le 1er vendémiaire an XII. M. G. *Arch. administ.*

3. A. Boppe, *Le colonel Nicole Papas Oglou et le bataillon*

la flottille des Mamelouks au moment de l'expédition d'Égypte. C'est là que Bonaparte l'avait trouvé pour en faire un officier français et pour lui donner le commandement d'une légion grecque, transformée depuis en bataillon, sous le nom de chasseurs d'Orient. « Cette espèce de bataillon grec », envoyé en 1806 à l'armée de Dalmatie, avait été accueilli avec peu de satisfaction par nos généraux : ceux-ci s'étonnaient de trouver dans la centaine d'hommes qui le composaient presque autant d'officiers que de soldats. Mais l'entrain et la bravoure dont les chasseurs d'Orient firent preuve à l'attaque de Raguse, leur valurent les plus grands éloges. On se préoccupa aussitôt de développer une troupe qui contenait d'aussi remarquables éléments et le général Marmont décida de recruter en Dalmatie et dans les provinces albanaises de la Turquie un certain nombre d'hommes qui, encadrés par les anciens soldats d'Égypte, pourraient donner aux chasseurs d'Orient l'aspect d'un véritable bataillon.

des *Chasseurs d'Orient* (1798-1815), carnet de la Sabretache, 1900.

En Dalmatie le recrutement avait été confié à l'archimandrite serbe Gérasime Zellitch. Ce personnage[1] a raconté dans de curieux mémoires le regret avec lequel il avait dû accepter la mission de pousser ses paroissiens, tous de nationalité slave, à servir sous les ordres d'officiers grecs. Refusant les insignes militaires dont on avait voulu, pour lui donner plus d'autorité, orner son costume ecclésiastique, l'archimandrite, armé de sa croix, « la seule épée qu'il eût jamais portée », parcourut toute la région, allant de village en village, prêchant dans les églises, appelant ses compatriotes sous les drapeaux de la France, et promettant un sequin d'or à tout homme qui s'enrôlerait volontairement dans le bataillon des Chasseurs d'Orient, dont il devait lui-même devenir plus tard, un instant. l'aumônier.

1. *La vie de Gérasime Zellitch, archimandrite*, a paru à Bude en 1823. Ces mémoires si curieux pour l'histoire de la Dalmatie à la fin du XVIIIe siècle et dans les vingt premières années du XIXe siècle, ont été récemment réimprimés à Belgrade, par les soins de la Société littéraire serbe (Sprska Kniejevna Zadrouga) sous le titre de *Vie de Gérasime Zellitch* (Jitie Gerasima Zelitia), 3 vol. in-18.

Les prédications de l'archimandrite Zellitch n'ayant pas eu grand succès, il fallut essayer d'autres moyens de recrutement, et tandis que deux officiers du bataillon, le capitaine Nicole Kiriaco et le lieutenant Georges Lugra, cherchaient des volontaires parmi les populations albanaises des environs de Scutari, Marmont profitait du départ de la petite expédition envoyée à Ali Pacha pour donner au colonel Nicole une occasion très favorable d'essayer de recruter parmi ses compatriotes d'Épire.

Nicole et sa petite troupe arrivèrent à Janina le 24 mars 1807, non sans avoir éprouvé en route de grandes difficultés [1]. Deux jours auparavant, la canonnière *Le Requin* avait apporté à Prévéza les secours envoyés d'Italie. Le 25, M. Turpin de Montigny, capitaine de hussards, chargé d'une mission par le roi de Naples, entrait à Janina ; quelques jours après

1. Pouqueville (*Voyage de la Grèce,* t. III) donne, p. 178, la route des canonniers de Raguse jusqu'à Tchaïnitza, et fait d'après les rapports de son frère Hugues Pouqueville, qui les a rencontrés à Kuprulu, près de Koumanovo, le récit d'une petite bagarre survenue entre les soldats de Nicole et la population albanaise.

arrivaient le colonel d'artillerie Guillaume[1], puis le capitaine du génie Palma[2].

« Je dois représenter, écrivait notre consul, et tenir table pour tous les officiers de Sa Majesté ou bien du roi de Naples, qui se rendent dans un pays où il n'y a ni auberge, ni logement. Il faut soutenir l'honneur du nom français, j'ai constamment dix convives et quelquefois un plus grand nombre. »

Janina présentait à ce moment une singu-

1. Frédéric-François Guillaume de Vaudoncourt, né en 1772, avait, après plusieurs campagnes sur le Rhin et en Italie, été nommé par Bonaparte au commandement de l'artillerie de l'armée de la République cisalpine. En 1806 à la suppression de l'emploi de directeur général de l'artillerie cisalpine, il avait reçu le commandement de l'artillerie à cheval italienne et au moment de son envoi en Albanie, il joignait à cette fonction celle de directeur de l'arsenal et de l'école d'artillerie. Les observations rapportées d'Albanie par Vaudoncourt et qui contiennent de très curieuses indications sur les vues d'Ali Pacha sur les îles Ioniennes, ont été publiées en anglais à Londres en 1816, sous le titre : *Memoirs of the Ionian Islands* considered in a commercial political and military point of view; in which their advantages of position are described, as well as their relations with the greek continent; including *the life and caracter of Ali Pacha, the present ruler of Greece*; by gen. GUILLAUME DE VAUDONCOURT, late of the italian service, translated from the original inedited M. S. by William WALTON, esq.

2. Sur Gaëtan Palma et sa carte d'Épire, ébauchée à Janina sous la direction de Pouqueville et publiée à Trieste en 1821, voir *Voyage de la Grèce*, I, p. 226.

lière animation. En même temps que nos soldats, arrivaient de toutes les parties de l'Albanie des bandes avides de pillage, attirées par les préparatifs militaires du Pacha; et ce devait être un curieux spectacle pour des officiers français que celui de cette mobilisation: « Deux mille Albanais venant de la Haute-Dibre, écrit Pouqueville, sont arrivés à Janina, d'où ils vont s'acheminer vers la division de Nicopolis. Tout est sauvage parmi ces hommes et je les crois aussi lâches qu'ils sont indisciplinés. Leur cavalerie, dont ils exaltent la valeur, est la chose la plus ridicule qui soit au monde. Quelques cavaliers n'ont pas de bride et sont armés de pièces incohérentes; quelques-uns ont un sabre, d'autres un fusil ou un pistolet, enfin il s'en trouve qui attendent après la mort de quelques-uns de leurs camarades pour se procurer des armes. Ils ne viennent que par l'attrait du pillage. En voyant les différentes peuplades des Albanies, j'observe chaque jour des mœurs, des usages et des coutumes, qui paraissent appartenir à un monde nouveau. Ces provinces sont plus étrangères à l'Europe que l'Afrique et ses nomades. Un Guègue, un Dibranien est plus loin de nous que le Bédouin des sables de Bacra. »

Ces bandes indisciplinées ne formaient pas les seules forces du Pacha : il avait des troupes mieux organisées et concentrées autour de Prévéza, où elles attendaient toujours le moment d'attaquer les îles.

Le concours que venaient lui prêter nos officiers lui permettait enfin de réaliser ses vues ambitieuses. Il les accueillit avec la plus grande faveur. « Le vizir, dit l'un d'eux, m'a reçu avec une grâce qu'on ne peut s'attendre à trouver dans un Turc. C'était au sérail, dans un salon de glaces, entouré de sophas de peaux de tigre, sur lesquels tombaient les dépouilles de huit superbes lions, luxe singulier, et dont la majesté était nouvelle pour moi. » La présence de Nicole allait développer ces dispositions bienveillantes. A la cour du Pacha, tout le monde connaissait ses aventures, et, au prestige que lui donnait cette popularité, s'ajoutait encore son titre de colonel au service de l'Empereur. Les relations les plus amicales s'établirent entre Ali et lui. « Les vieux soldats sont conteurs, dit Pouqueville, et c'était une jouissance particulière pour le Pacha d'entendre le colonel Nicole, qui parlait la plupart des langues orientales, lui faire le récit de ses aventures auprès du Cheikh Daher, prince rebelle de la Palestine, et du fameux Ali bey el Kébir d'Égypte, qu'il avait longtemps servi avec bravoure et fidélité. Il passait des heures entières à l'écouter; son attention semblait suspendue aux lèvres du narrateur, lorsqu'il lui disait de quelle manière il avait sauvé les beys égyptiens que la Porte tenait en otage, et ses rapports avec l'amiral Hassan Pacha, qui ne dormait qu'à côté d'un lion énorme, dont il était sans cesse suivi comme on le serait par un chien. Il se transportait avec son narrateur dans toutes les régions qu'il avait visitées, depuis le camp des Bédouins jusqu'aux palais somptueux des princes de Mamelouks, qui régnaient alors en despotes sur les rives fertiles du Nil. »

En quelques jours, Nicole devint pour ainsi dire maître de l'Épire; non seulement Ali l'autorisait à recruter dans ses États les chasseurs d'Orient, mais il lui donnait le commandement de ses troupes.

Le Pacha s'était enfin décidé à agir; les nouvelles qu'il recevait de Constantinople aussi bien que des provinces danubiennes l'encourageaient à se déclarer contre les Russes. Le Sultan avait demandé à l'Empereur le concours de ses officiers et de ses soldats et l'on apprenait à Janina que de Dalmatie partaient de nombreux officiers d'état-major ou d'artillerie qu'allait bientôt rejoindre à Constantinople un détachement de 600 canonniers dont le passage en Bosnie était préparé. De jour en jour la situation des Russes dans les îles Ioniennes devenait moins favorable; le Bosphore fermé à leur flotte rendait leur ravitaillement difficile; leur prestige, comme celui des Anglais, était atteint par l'éclatant échec de l'amiral Duckworth devant Constantinople. Mettant à profit toutes ces circonstances favorables, le Pacha de Janina estima que le moment était venu pour lui de réaliser son rêve: il résolut d'attaquer les Russes à Sainte-Maure; il ne doutait pas qu'avec les conseils du colonel Guillaume de Vaudoncourt et l'appui des canonniers français, il pourrait facilement s'emparer de cette île et il se voyait déjà maître non seulement de Sainte-

Maure, mais encore de Corfou. Mais lui serait-il donné de conserver ses conquêtes? L'Empereur lui permettrait-il de rester dans les îles? Il lui fallait s'assurer de ses dispositions. Il aurait « désiré venir incliner sa tête blanchie par l'âge aux pieds du trône de Sa Majesté », mais « le danger exigeait sa présence au sein de l'Épire »[1]. Ce fut à son fidèle secrétaire, au renégat Méhémet Guérini, qu'il confia la mission d'aller trouver l'Empereur.

Porteur de lettres du Pacha à l'Empereur et à son Ministre des Relations extérieures[2], muni des recommandations les plus pressantes de Pouqueville pour les généraux français qu'il devait rencontrer au cours de son voyage, chargé à leur intention des sabres dont son maître aimait à faire présent, Méhémet effendi quitta Janina en compagnie du capitaine Turpin de Montigny. Partout son passage excita la plus vive curiosité; il n'était pas un bey albanais ou bosniaque qui ne s'émût de cette ambassade. Le pacha de Scutari, naturellement jaloux de son voisin de Janina, en concevait les plus vives in-

1. Pouqueville à Talleyrand, 5 avril 1807. A. E. *Janina*.
. Lettres en date du 30 mars 1807. *Id.*

quiétudes. Il faisait venir au sérail le consul de France, et là, « en tête à tête », sans un favori, sans un drogman, il l'interrogeait : quel motif avait poussé Ali Pacha à envoyer un de ses secrétaires auprès de l'Empereur? était-il exact qu'Ali allait recevoir de la France une souveraineté indépendante sous le nom de Roi d'Épire? qu'entendait-on par Épire? « Voyant très bien ce qui l'inquiétait le plus dans tout cela, je lui ai, écrivait Marc Bruère des Rivaux au Ministre, répondu que, par Épire, l'on entendait tout le pays habité par les Arnautes ou Albanais, à l'exception de la Macédoine, dans laquelle était placé le pachalik de Scutari[1]. »

Parti dans les premiers jours d'avril, Méhémet effendi, après avoir traversé l'Albanie et la Dalmatie, était le 12 mai à Trawnick en Bosnie; puis par Spalato et Zara, il allait à Vienne d'où, le 14 juin, l'ambassadeur général Andréossy le dirigeait sur le quartier général de l'Empereur[2].

1. Bruère au ministre, 20 septembre 1807. A. E., carton *Scutari*.

2. Général Andréossy à Talleyrand, 14 juin 1807. A. E., carton *Janina*.

L'ambassadeur extraordinaire avait à peine quitté Janina que les officiers français se mettaient à l'œuvre. Le colonel Nicole envoya quelques-uns de ses canonniers sur les côtes, puis partit avec les autres pour Prévéza. Leur présence suffit à transformer le camp du vizir ; ils obtinrent, par un effet vraiment extraordinaire de leur prestige, l'obéissance des Musulmans. Partout on manœuvre, on travaille. « J'ai vu courir des Turcs ! » écrit Pouqueville. De Prévéza à Janina, c'est un va-et-vient continuel de convois, de courriers. Cette ardeur guerrière gagne notre consul, qui se rend en personne à Prévéza. Il constate le résultat des efforts de ses compatriotes : batteries établies en face des redoutes russes, bateaux plats construits pour le débarquement; il est émerveillé. « En quelques jours de temps, les soldats de Sa Majesté ont plus fait que toute l'Albanie en cinq mois... Jamais deux hommes ne furent en meilleurs rapports que le soldat français et l'Albanais ; la meilleure intelligence règne entre les beys et nos officiers... Nicole fait honneur au titre glorieux de colonel français, et on peut dire de lui que c'est le dernier des Grecs au siècle où nous sommes. » Malheureusement le défaut d'organisation dans l'administration d'Ali Pacha paralyse souvent ses mouvements, « Si nous demandons des clous, on nous envoie du fer, les ouvriers arrivent ensuite huit jours après. Le funeste *bakaloum* règne toujours. »

Pouqueville visite les travaux, reçoit le baptême du feu : « A peine arrivé au monastère de Playa, je me portai à la batterie des Français, où je trouvai le colonel Nicole, une hache à la main, activant les travaux, au milieu d'une grêle de bombes et de boulets lancés par les Moscovites. M. Ponceton, lieutenant des canonniers, *était dans la tranchée*, ouverte à demi-portée de canon de la principale batterie des Russes ; je m'y rendis et, après avoir visité tous les travaux, je passai au camp de droite, distant d'un mille. Les Albanais m'accueillirent partout avec la distinction la plus flatteuse.

« Au coucher du soleil, je revins à la batterie française, et comme je montais un cheval blanc, les Moscovites me saluèrent de quatre bombes, dont deux seulement éclatèrent à peu de distance. Je vis en détail les ouvrages commencés par le colonel Nicole et dirigés par tous les Français. Ils consistent dans une batterie garnie de 6 bouches à feu et d'un mortier à bombe. Le boyau partant de la principale batterie aboutit à une batterie inférieure, qui se trouve à portée de fusil et domine la grande batterie russe. Le colonel Nicole fait construire 18 bateaux plats. Il est l'âme et la vie de cette expédition qui porte la terreur parmi les Russes.

« Youssuf-Arab, général en chef du vizir, ne fut pas plutôt instruit de mon arrivée, qu'il vint au-devant de moi. Ce vieillard vénérable me pressa entre ses mains et me dit les choses les plus flatteuses. »

Rentré à Janina pour rendre compte au vizir des opérations de Nicole, le consul en revenait bientôt avec Ali Pacha lui-même, « pour poser la première pierre d'un fort destiné à défendre les bouches du golfe Ambracique ». Le colonel Guillaume, le capitaine Palma étaient du voyage. Mille Albanais couraient en avant pour frayer la route qui était éclairée par des feux jetés dans la campagne.

Il faut lire dans la lettre de Pouqueville au

général Sébastiani les détails de cette expédition :

« Nous nous sommes embarqués à une heure après minuit à Salagora (4 h. d'Arta), et, deux heures après le lever du soleil, nous avons mouillé à Prévéza. La canonnière *Le Requin* a salué le vizir de 14 coups de canon. Cette journée s'est passée de la part du vizir à régler les dépenses de son armée.

« Aujourd'hui le vizir a fait dresser sa tente à la pointe de Saint-Georges, et le colonel Guillaume a commencé à discuter avec lui le plan de fortification. J'ai épuisé toute ma raison pour faire comprendre au vizir la nécessité d'un glacis et d'un chemin couvert, mais il s'est obstiné à n'en pas vouloir. Accoutumé à ne voir que des tours et des vieux châteaux quarrés, il a la plus grande peine à saisir l'idée d'une fortification régulière. Je me suis aperçu qu'il était prévenu, et je lui ai fait observer que, par malheur, il y avait toujours un malhonnête homme attaché à chaque branche de son administration. Il m'a écouté et s'est soumis aux plans du colonel. Il faut ici, pour opérer le bien, lutter à peu près contre la volonté générale. Le vizir a monté à bord de la canonnière *Le Requin* et a renvoyé sa garde en disant qu'avec des Français il était au milieu de ses amis. Nous avons fait ensemble le tour du port, celui de la rade, et nous nous sommes avancés au large, jusqu'à une lieue de l'escadre ennemie ancrée devant Sainte-Maure. »

Et dans une autre lettre : « On continue le tracé du fort; j'ai fait placer quelques monnaies au type « Napoléon, Empereur », sous la première pierre de l'angle oriental. »

Nicolo et ses compagnons, aidés par la canonnière *Le Requin,* donnaient au pacha le spectacle d'une petite guerre et tiraient quelques coups de canon sur une frégate russe. « Le vizir était dans la joie; il a récompensé les marins et les canonniers français. » Pour témoigner sa satisfaction, il facilitait le recrutement des chasseurs d'Orient : « C'est par ses propres agents que l'affaire s'exécute. Quoi! m'a-t-il dit, moi, je ne donnerais pas de soldats au grand Empereur! Mon sort est à ses pieds; je n'ai d'autre appui que mon empereur Napoléon, et d'amis que les Français. J'aurais voulu envoyer un de mes fils avec 4 000 Albanais

6

pour servir sous ses ordres. » Il a dit les choses les plus affectueuses au colonel Nicole. Me prenant ensuite la main qu'il pressa avec émotion : « Écrivez, m'a-t-il dit, écrivez, mon fils, à Mgr l'ambassadeur, que l'Épire est France, et que je rassemble une armée digne de compter parmi les auxiliaires du grand Empereur. » La scène est devenue extrêmement touchante : j'ai vu des larmes dans les yeux du vizir. »

Le Pacha se serait-il laissé aller à ces épanchements s'il avait prévu l'accueil qui attendait à Tilsitt son ambassadeur extraordinaire ? Le destin voulut que Méhémet effendi arrivât mal à propos au quartier général. Comme prix de la coopération militaire de son maître contre les Russes, il venait demander Corfou le jour même où l'Empereur recevait cette île des mains du Tzar. La cession, il est vrai, était encore secrète, mais elle était décidée, et Napoléon, qui n'avait pas oublié sa promesse de confier Corfou à la garde d'Ali Pacha, si l'île tombait un jour en son pouvoir, n'apprenait pas sans quelque irritation l'arrivée inopportune de l'envoyé du Pacha. Sa mauvaise humeur se manifesta aussitôt dans une lettre au roi de

Naples : « Vous ne devez plus envoyer aucun secours à Ali Pacha. Vous avez mis trop de zèle dans cette affaire. Les affaires ne sont jamais aussi claires qu'elles le paraissent[1]. » Méhémet effendi s'aperçut de cette vérité quand il eut l'honneur d'être reçu par l'Empereur. Il exposa avec éloquence l'intérêt qu'avait la France à céder Corfou à Ali Pacha ; à ses arguments Napoléon répondait : « Mais comment prendre Corfou ? je ne l'ai pas. — Mais Votre Majesté l'aura, disait le renégat. — Comment le prendre ? répliquait l'Empereur, et il ne sortait jamais de cet argument qui ne le compromettait pas. » Marmont, qui raconte la scène dans ses *Mémoires*[2], ajoute : « Méhémet effendi en fut pour ses frais de voyage et retourna vers son maître. » Il lui rapportait une lettre de l'Empereur et une lettre du Ministre des Relations extérieures. L'ancien évêque d'Autun avait transmis à l'ancien inquisiteur de Malte ces deux documents par un billet d'une cruelle ironie :

1. Napoléon au roi de Naples. Tilsitt, 4 juillet 1807. *Correspondance*, n° 12851.

2. *Mémoires* de Marmont, I. p. 55. — *Voyages de M. le maréchal duc de* Raguse, Bruxelles, 1841, II, p. 38.

TALLEYRAND A MÉHÉMET EFFENDI[1].

Tilsitt, 10 juillet 1807.

J'ai l'honneur de vous adresser une lettre de S. M. l'Empereur et Roi pour Ali Pacha et ma réponse à celle qu'il m'a fait l'honneur de m'écrire. Veuillez remettre ces deux lettres à S. A. La confiance dont Elle vous honore m'a paru, pendant le peu de séjour que vous avez fait ici, ne pouvoir être mieux placée.

TALLEYRAND A ALI PACHA[2].

Tilsitt, 9 juillet 1807.

Très illustre, très excellent et magnifique Seigneur.

Le sage et prudent Méhémet effendi, secrétaire de Votre Altesse, m'a remis la lettre qu'Elle m'a fait l'honneur de m'adresser et il a été reçu avec bienveillance par l'Empereur Napoléon à qui il a présenté la lettre que lui a écrite V. A. L'Empereur, porté à 500 lieues de ses États par une longue suite de victoires, s'occupait des moyens de rendre la paix au continent. Il y est glorieusement parvenu et sa main, après avoir ratifié la paix, a écrit la lettre que Méhémet effendi est chargé de remettre à V. A. de la part de S. M.

J'ai l'honneur de vous offrir, très haut, très excellent et magnifique seigneur, l'assurance de ma plus haute estime.

L'EMPEREUR A ALI PACHA[3].

Tilsitt, 9 juillet 1807.

J'ai reçu votre lettre que m'a remise votre secrétaire.

1. A. E., carton *Janina*.
2. *Id.*, *id.*
3. *Correspondance*, n° 12887.

J'en ai compris le contenu. Je fais cas de votre amitié; je vous ai donné des preuves toutes spéciales de mon affection, dont je désire que vous ressentiez l'effet. Je donne l'ordre à mes généraux de s'entendre avec vous. La paix est rétablie entre moi et l'Empereur de Russie; la Sublime-Porte y est comprise. Je recevrai toujours avec plaisir tout ce qui me viendra de votre part.

La paix de Tilsitt arrêtait, au grand désespoir d'Ali Pacha, les opérations du siège de Sainte-Maure ; le rôle militaire du colonel Nicole en Épire était terminé. Il s'embarqua pour la Dalmatie avec tous ses compagnons, le 17 août 1807.

V

Ligue Albanaise contre Ali Pacha.

Le traité de Tilsitt, en plaçant pour la seconde fois les îles Ioniennes sous la domination française, amène la brouille d'Ali Pacha avec l'Empereur. — Ali essaye d'obtenir par surprise Parga. — Mission à Corfou d'Hadji Chehri effendi. — La diplomatie du général César Berthier blâmée par l'Empereur.

La France occupe Parga et réclame Butrinto. — Importance de ces deux places pour la défense de Corfou et pour la sécurité des communications entre les îles et l'armée de Dalmatie. — Création d'un consulat à Bérat.

Mauvaises dispositions d'Ali. — Julien Bessières nommé Commissaire à Corfou. — Ses suggestions pour affaiblir la puissance du Pacha. — Relations avec les beys albanais ennemis d'Ali.

La révolte d'Euthyme Blachavas en Thessalie encourage les ennemis d'Ali. — A l'instigation de Bessières et du général Donzelot, Mustapha Pacha de Delvino, les agas du Chamouri et les Chimeriotes s'unissent contre Ali. — Ibrahim pacha de Bérat, chef de la confédération ; son entourage ; le Dr Liperachi, le canonnier Chaise.

L'échec de la révolte de Thessalie calme les confédérés ; Supplice de Blachavas. — Ibrahim, assiégé dans Bérat par Omer bey Vrioni, capitule entre les mains d'Ali et se retire à Vallona. — Sa correspondance avec le général Donzelot.

En plaçant pour la seconde fois les îles Ioniennes sous la domination française, le traité de Tilsitt faisait évanouir le rêve dans lequel Ali s'était complu depuis tant d'années ; il ne pouvait plus, avec l'aide de la France, conquérir, comme il l'avait espéré, l'une des îles sur les Russes ; il assistait avec dépit à la remise entre les mains des autorités françaises de Sainte-Maure, l'objet de sa convoitise particulière ; il voyait en même temps Corfou devenir un centre d'intrigues pour les beys albanais, les primats grecs ou les chefs de compagnies d'armatoles qui cherchaient une protection contre lui. Julien Bessières, qui connaissait bien le Pacha, ne manqua pas de mettre le Ministre des Relations extérieures en garde contre les sentiments que la divulgation des clauses du traité de Tilsitt allait faire naître « dans son âme, où toutes les affections sont subordonnées aux calculs de l'intérêt » et il lui écrivait de Venise : « On peut être convaincu qu'Ali est disposé à regarder comme un ennemi personnel quiconque sera maître d'une place dont son ambition désire la conquête. Tant que nous en serons les libres possesseurs, il n'aura garde de se brouiller avec nous ; au contraire, avec cette profonde dissimulation qui est la base de son caractère, il affectera tous les sentiments qu'il n'aura plus ; mais, si comme on peut s'y attendre, Corfou vient à être bloquée par les Anglais, charmé de voir disputer sous ses yeux l'objet qu'il ambitionne avec tant d'ardeur, il cherchera à faire tourner cette lutte à son profit[1]. »

Les événements ne tardèrent pas à donner raison à Bessières. Le général César Berthier avait à peine pris possession de Corfou qu'Ali lui faisait porter ses souhaits de bienvenue par son second ministre d'État, Hadji Chehri effendi, qu'accompagnait le maître d'école Psallida[2]. Deux chevaux arabes et un riche shall complétaient cette politesse à laquelle le Gouverneur général répondait aussitôt par l'envoi d'une voiture. Mais Hadji Chehri avait une mission plus sérieuse ; il venait demander la cession de Parga et il sut faire valoir avec tant d'adresse les prétentions de son maître que Berthier faillit se laisser prendre au piège. Ne se rendant pas compte de la portée de la demande du Pacha,

1. J. Bessières, *Notes* du 3 octobre 1807. A. E., *Iles Ioniennes*, VII.
2. Th. S. Hughes, II, p. 192.

ne voyant dans Parga « qu'un petit fort très faible, de peu de conséquence et qui ne pouvait résister longtemps », il se montrait disposé à céder à Ali la place « qu'il désirait si fortement ». Il fallut que les Parganiotes eux-mêmes lui ouvrissent les yeux : « Soixante chefs de Parga sont venus m'implorer... Tous les habitants sont déterminés à se faire tous tuer plutôt que de subir le joug du vizir. » Il ne sut dès lors plus quel parti prendre. Ali le « caressait » et il avait en même temps « continuellement à ses pieds, par députation de trente et quarante, les ennemis jurés du Pacha, Albanais, Grecs ou Turcs », qui imploraient sa protection et protestaient de leur dévouement à l'Empereur. Il lui fallait « faire le diplomate dans toute la force du terme »[1].

Mais cette diplomatie n'était pas du goût de l'Empereur. En apprenant, le 1er septembre, que ses troupes étaient « enfin » arrivées à Corfou, l'Empereur s'était préoccupé aussitôt des possessions qu'indépendamment des îles, il croyait avoir sur le continent ; il avait demandé

1. César Berthier au Ministre de la Guerre. Lettres de septembre 1807. A. G., *Naples et îles Ioniennes*

au roi de Naples de préparer des projets pour l'établissement de fortifications de campagne qui le rendissent « constamment maître de ces points de la terre ferme »[1]. Aussi ne concevait-il pas comment César Berthier pouvait proposer de rendre Parga à Ali Pacha. Il l'écrivait au roi Joseph le 6 octobre : « Il y a dans cette proposition de la folie »[2], et quelques jours après il dictait au Ministre de la Guerre[3] une sévère lettre de blâme, que le général Clarke ne pouvait qu'expédier à Corfou : « Sa Majesté a trouvé très déplacée la question que vous lui avez soumise pour savoir si Elle serait disposée à céder la ville de Parga à Ali Pacha. L'Empereur me charge de vous prévenir qu'il n'appartient point à ses généraux de rien céder, ni de mettre en doute l'exécution de ses ordres. S. M. m'a commandé de vous rappeler à ce sujet l'ordre qu'elle vous a donné précédemment, par lequel elle vous prescrivait de faire occuper Parga en force et de mettre ce point à l'abri de toute insulte. » Le Ministre ajoutait :

1. *Correspondance*, n° 13119.
2. *Correspondance*, n° 13223.
3. *Correspondance*, n° 13240.

« Quant à votre conduite politique et à vos relations avec le continent, vous sentez, Général, que vous devez beaucoup ménager Ali Pacha, mais comme il est fin et d'un esprit délié, vous devez aussi vous tenir en garde contre les propositions ou les demandes insidieuses qu'il pourrait vous faire. L'Empereur veut que, toutes les fois qu'Ali Pacha vous fera des demandes ou des propositions, vous lui répondiez que vous allez envoyer près de S. M. Au reste, l'intention de S. M. est que vous viviez en bonne intelligence avec tous les Pachas et les Grecs. Votre dilemme doit être que la paix étant faite, tout le passé doit être oublié et que tout le monde doit vivre en bonne amitié. Sa Majesté vous recommande surtout *de ne pas être dupe d'Ali Pacha* et de ne vous permettre aucune négociation diplomatique[1]. »

César Berthier s'empressa de se conformer à cet ordre si sévèrement transmis : il fit occuper Parga par deux cents hommes ; il pensait également envoyer un détachement à Butrinto, mais Ali l'y avait devancé et s'y était établi.

1. Le Ministre de la Guerre au général César Berthier, 13 octobre 1807. A. G., *Naples et Iles Ioniennes*.

Ces deux postes avaient la plus grande importance pour la défense de Corfou : l'île, isolée, était à la merci d'un coup de main des Anglais ; l'Empereur s'attendait d'un jour à l'autre à voir leurs escadres en commencer le blocus ; il ne pouvait être assuré de la secourir, par voie de mer, de l'Italie ou du royaume de Naples ; son armée de Dalmatie avait, par contre, toutes facilités pour y transporter, par voie de terre, des munitions ou des troupes, si les pachas dont les territoires devaient être traversés se prêtaient au passage des convois. De leur bonne volonté dépendait également le ravitaillement de la garnison française. Sur les ordres de l'Empereur[1], le roi de Naples, le prince Eugène, Marmont, Lauriston envoyèrent des officiers reconnaître la route « dont le détail, lieue par lieue » l'intéressait ; il voulait « des renseignements sur les ports de Durazzo et d'Avlona » ; il demandait que des *tartares* fussent placés « depuis Butrinto jusqu'à Cattaro pour la facilité des communications » ; il faisait agir par Sébastiani auprès de la Porte

1. *Correspondance*, nos 13269, 13386, 13488, 13489, 13491.

pour que les pachas, et particulièrement celui de Janina, reçussent des ordres formels en vue de faciliter le passage des officiers et des courriers. Afin d'être prêt à toute éventualité il faisait préparer par le quartier général de l'armée de Dalmatie un corps de 8 000 hommes destiné à secourir Corfou en passant par Butrinto, et, en attendant, il désirait qu'un voyage d'essai fût fait par le 1er bataillon du 3e régiment léger italien[1]. Pour aider à la réalisation de ces desseins, Marmont qui avait donné à sa correspondance avec les pachas albanais une activité nouvelle, envoyait un agent résider à Bérat, auprès d'Ibrahim Pacha, dont dépendait le port de Vallona[2].

1. *Correspondance*, n° 13521.

2. L'agent de Marmont, M. Vernazza, reçut au quartier général de Zara, le 8 janvier 1808, l'ordre de se rendre à Bérat, « pour y remplir les fonctions de consul français. Son objet spécial est de rendre les communications faciles entre Corfou et la province des Bouches et il emploiera pour cela tous les moyens possibles. Aussitôt qu'il sera rendu à Bérat, il se mettra en relations avec M. Pouqueville, consul général à Janina ; il lui rendra compte de ses opérations et prendra ses ordres. ».

La nomination de Vernazza, qui avait reçu l'agrément de l'Empereur, ne fut ratifiée officiellement que le 29 novembre 1809. Le département en prévint Pouqueville et Vernazza lui-même, par lettres du 6 janvier 1810. A. E., carton *Bérat*.

Les officiers partaient, les convois s'organisaient ; l'accueil qui les attendait fut bien différent de celui sur lequel on comptait à Zara comme à Paris. Un convoi de cent trente-six barils de poudre parvint, il est vrai, à Corfou ; mais les deux officiers qui le conduisaient, avaient traversé les territoires des pachas de Scutari et de Bérat sous les huées de la population, accablés d'injures, de coups de pierre, de crachats au visage. Un sort plus cruel était réservé à l'adjudant commandant Charroy-Bailleul[1]. Parti de Zara avec deux officiers du 3e régiment d'infanterie légère italien, MM. Podesta et Alexandrini, le commissaire des guerres Sambelli et un drogman, il fut, ainsi que ses compagnons, lâchement assassiné le 12 mars par les habitants d'Antivari. Partout les pachas montraient à notre égard les plus mauvaises dispositions ; Ibrahim, de Bérat, lui-même observait à notre égard une réserve inaccoutumée et se refusait à laisser séjourner auprès de lui l'agent Bourbaki, que le Gouver-

1. *Correspondance*, nos 14018 et 14177. — Lettre du général Marmont à l'Empereur, 24 mars 1808. A. E., carton *Janina*.

neur général de Corfou lui avait envoyé pour préparer le passage des officiers de l'armée de Dalmatie.

La défaveur dont jouissait subitement dans ces régions le nom de la France était due à l'affaire de Parga et de Butrinto, qui nous avait brouillé avec Ali Pacha, et ce dernier avait voulu que cette brouille se fît sentir dans l'Albanie tout entière. Notre occupation de Parga l'avait vivement irrité : il ne cessait de réclamer cette place aux autorités de Corfou qui, loin de satisfaire à ses demandes, revendiquaient le droit de mettre une garnison à Butrinto. Devant cette exigence, Ali craignit que le France ne s'emparât successivement des différentes villes que Venise avait occupées sur le continent et qu'il avait accaparées au moment de notre premier départ de Corfou. Il se refusa à abandonner Butrinto, et, quand l'ambassade de France eut obtenu du Sultan un firman qui le mettait en demeure de consigner ce fort entre les mains des soldats de l'Empereur, il nia avoir reçu des ordres de son souverain et chercha à fomenter parmi les pachas de la côte un mouvement de protestation contre la France qu'il accusait de préparer la conquête de l'Albanie.

Latente depuis Tilsitt, la brouille éclatait ainsi au grand jour. Ali, qui avait commencé à nouer des intrigues avec les Anglais, nous donnait à tout instant des preuves nouvelles de sa mauvaise volonté : il arrêtait sans raison les Corfiotes, il gênait les communications du continent avec Corfou, empêchait le ravitaillement des îles, interceptait les correspondances de Constantinople ou de Dalmatie destinées au gouvernement général, rendait enfin impossible au consul de France à Janina l'exercice de ses fonctions. Pouqueville était entouré d'espions ; « les Turcs et les Grecs, les uns par haine, les autres par crainte, s'étaient éloignés de lui » ; il n'osait plus sortir de sa maison, de peur d'être insulté. L'Empereur, qui n'avait cessé de faire recommander par ses agents la garnison de Corfou au Pacha de Janina, s'irritait de l'attitude de ce dernier. Il l'écrivait au roi de Naples : « Vous devez continuer de correspondre avec Ali Pacha et lui faire connaître que j'ai appris avec peine qu'il n'a plus les mêmes sentiments pour moi ; qu'au lieu d'en-

7

voyer des vivres en abondance aux sept îles, il se refuse aux demandes ; que cela n'est ni bien, ni sage, ni politique[1]. »

Julien Bessières arriva à ce moment à Corfou, comme Commissaire impérial chargé, sous l'autorité du Gouverneur général, de toute la correspondance avec les consuls dans la Morée, la Bosnie et l'Archipel[2]. Il avait prédit la conduite que devait tenir Ali après la paix de Tilsitt ; il ne fut donc pas surpris de l'état dans lequel il trouva les relations du gouvernement général avec le Pacha : « N'ayant pas cessé d'être notre ennemi secret ou déclaré depuis que nous occupons les îles, il sera toujours l'un ou l'autre suivant les circonstances ; son excessive ambition et le but fixé qu'elle se propose l'animent non contre les Français, mais contre les possesseurs des îles ; à moins de lui livrer Parga, Sainte-Maure et même Corfou, on ne saurait changer ses sentiments ; tous les moyens de conciliation et de paix ont été épuisés ; la prudence et l'adresse sont inutiles

1. *Correspondance,* n° 13368.
2. Le décret de nomination de Bessières est daté du 12 novembre 1807.

envers un homme d'un caractère aussi profondément artificieux..... il serait temps de prendre des moyens efficaces pour se débarrasser d'un voisin aussi incommode, aussi dangereux[1]. »

Les Vénitiens, lorsqu'ils possédaient les îles, avaient toujours cherché à empêcher les pachas de la côte de prendre une trop grande importance ; les Russes avaient agi de même pendant leur domination à Corfou : ils avaient gêné Ali en soutenant contre lui ses sujets grecs, et ils avaient en même temps combattu son influence dans les Conseils de la Sublime Porte. Notre intérêt nous commandait de suivre une politique analogue et de tout faire pour diminuer la puissance du Pacha de Janina. Bessières voulut dès lors que « la voix terrible de l'Empereur tonnât sur la tête de cet insolent » et, d'accord avec le général Donzelot qui était venu remplacer César Berthier au gouvernement général des îles ioniennes[2], il proposait que l'ambassade de France à

1. Bessières à Champagny, 14 mai 1808.

2. Sur Donzelot, voir G. Pauthier. *Les îles Ioniennes pendant l'occupation française et le protectorat anglais,* d'après les papiers du général de division comte Donzelot. Paris, 1863, in-8.

Constantinople fît les plus instantes démarches pour obtenir du Sultan que le Pacha de Janina fût déclaré *rebelle.* « Sa puissance devait, par l'effet de cette seule déclaration, s'écrouler comme d'elle-même » ; en même temps il suggérait de grouper tous les ennemis d'Ali pour les tenir prêts à agir contre lui le moment venu.

Corfou était l'asile de tous ceux qui avaient à se plaindre du Pacha. Depuis longtemps déjà les Souliotes y avaient cherché refuge ; ils y avaient été rejoints par de nombreux habitants grecs ou albanais de la côte, qui avaient fui devant la tyrannie du Pacha ; il avait fallu donner une organisation à tous ces réfugiés et le régiment albanais, créé dès l'arrivée du général César Berthier à Corfou, groupa sous la direction de leurs principaux chefs la plupart des familles qui s'étaient placées sous notre protection. Mais les chrétiens n'étaient pas les seuls à implorer notre assistance : des musulmans y recouraient également ; et c'était entre la côte et les îles un va-et-vient incessant de beys albanais, de primats grecs, d'émissaires de toutes sortes. Dès le retour des Français en 1807, Corfou était redevenu, comme à la première occupation de 1797, le point vers lequel de l'Albanie et de la Morée tous les regards se tournaient. Il s'était ainsi formé au gouvernement général une véritable agence d'affaires albanaises où des officiers d'origine levantine, le capitaine Mercati, le lieutenant Stamati Bulgari[1], servaient d'inter-

1. Né le 17 mai 1777 à Corfou, Stamati Bulgari, qui était, lors de la première occupation française des îles Ioniennes, sous-lieutenant de la compagnie franche gréco-italienne de Butrinto, est signalé par Bellaire (p. 375) parmi les officiers grecs qui donnèrent le plus de preuve de dévouement pendant le siège de Corfou. Confirmé dans son grade de sous-lieutenant, il fut, par arrêté du 19 thermidor an VIII, attaché à la 3e demi-brigade. Il était alors employé au bureau des ingénieurs-géographes du dépôt de la guerre (colonel Berthaut, *Les ingénieurs géographes militaires 1624-1831*. Paris, 2 vol. in 4, II, p. 33 et 95). Nommé lieutenant au 6e régiment d'infanterie de ligne par décret du 20 février 1809, il arriva à Corfou muni pour le général Donzelot d'une lettre du général Campredon qui le représentait comme « ayant beaucoup de talent pour le dessin et la topographie » et d'une autre lettre qu'il nous semble intéressant de reproduire ici d'après les *Papiers de Donzelot :*

Paris, le 31 mars 1809.

En vous présentant M. Stamati, mon cher cousin, c'est vraiment un présent que je crois vous faire. Il se rend à Corfou, sa patrie, par ordre de M. le Cte d'Hunebourg, pour être employé en qualité de lieutenant dans le 6e régiment de ligne. Cet officier a travaillé longtemps au dépôt de la guerre ; il emporte avec lui l'estime de tous ses camarades et particulièrement de M. Muriel, qui en l'absence du général Sanson remplit les fonctions de directeur et que je puis appeler avec franchise, tant par ses talents que par l'affabilité de

prètes, recevant la députation, traduisant les suppliques, répondant aux lettres des beys, correspondant avec les secrétaires et les médecins des pachas. Le renégat Méhémet effendi vint prendre sa part de ce travail quand, après l'insuccès de son ambassade à Tilsitt, il crut prudent de ne pas prolonger son séjour à la Cour de Janina. Il était d'ailleurs bien à sa place dans ce foyer d'intrigues. Il n'était pas un pacha de quelque importance qui n'eût alors à Corfou un confident, accrédité auprès

ses manières, le digne successeur du général Vallongues, votre ami. Voulant bien croire à la petite part que je puis avoir dans votre amitié, il a cru que ma recommandation pouvait être utile à son protégé, mais M. Stamati porte avec lui la seule que vous estimez, celle du mérite. M. le général Vallongues, qui s'est plu à cultiver les heureuses dispositions de cet officier, lui a enseigné les mathématiques; il a étudié le dessin et la peinture sous M. David et vient d'achever un très beau portrait du général Vallongues plein de vérité pour la ressemblance et la physionomie; il possède en outre la langue grecque et connaît parfaitement l'art de lever les plans et de les dessiner avec goût. J'ai pensé qu'il pourrait vous être d'une grande utilité pour l'ouvrage que vous avez entrepris avec M. Pouqueville. Je pense, mon cher cousin, que vous ne me saurez pas mauvais gré de m'intéresser à M. Stamati; ayant cultivé jusqu'à ce jour toutes les connaissances relatives au génie militaire et craignant que son séjour dans un corps ne lui fasse perdre ce qu'il a recueilli des travaux de sa jeunesse, il désirerait que vous eussiez la complaisance de l'attacher à votre état-major. Le Ministre de la Guerre a promis sur la demande que vous lui en feriez de le nommer capitaine adjoint. Je suis persuadé que les talents de M. Stamati vous détermineront bientôt à solliciter cette grâce en sa faveur et à le prendre auprès de vous.

Adieu, mon cher cousin.....

J.-B. Maire.

du gouvernement général. Bessières pouvait donc, dès qu'il y fut autorisé par le Ministre des Relations extérieures, mettre à exécution les plans qu'il avait formés pour affaiblir Ali Pacha[1].

Une circonstance inattendue favorisa la réalisation de ses projets. De Thessalie arriva en effet la nouvelle d'un soulèvement de la population grecque contre la domination du Pacha. Les habitants d'un village des environs de Trikala, ne pouvant plus payer les impôts dont ils étaient accablés, s'étaient révoltés. Moukhtar pacha, envoyé par son père sur les lieux, ayant fait pendre deux femmes qui avaient des parents parmi les insurgés, la fermentation des esprits s'était accrue : plusieurs villages avaient couru aux armes ; on avait cerné et brûlé vif dans un khan soixante-deux hommes du Pacha ; plusieurs centaines d'autres avaient été tués dans une rencontre. Pour se venger, Moukhtar avait fait massacrer une troupe de femmes, d'enfants et de vieillards et avait envoyé à Janina les têtes de ses quatre-vingt-

1. Instructions de Champagny à Bessières, 17 juin 1808.

deux victimes. Cet acte de férocité aggrava la situation. De tous côtés, des îles même, les insurgés reçurent des renforts. « Les Turcs disaient que c'était une seconde Servie »[1]. Enthyme Blachavas avait pris la direction du mouvement ; c'était le plus populaire parmi les chefs d'Armatotes de l'Archipel de l'Adriatique. Les populations grecques, qui avaient armé cette espèce de milice « pour leur sûreté commune et pour le maintien des droits que les Turcs avaient été contraints de leur reconnaître »[2], chantaient ses exploits. Ali Pacha l'avait longtemps ménagé et lui avait en quelque sorte confié la police du Pinde. Là, Blachavas régnait en maître avec son ami Zongos, chef des Pallikares d'Agrapha et de l'Achelous. Au cours de l'une de ses excursions en Macédoine, Pouqueville avait été leur hôte au Khan de Milias et ils l'avaient « régalé d'un agneau rôti à la façon des héros d'Homère », tandis que leurs Klephtes « chantaient à tuetête la chanson de Meré Boukhovalas »[3].

1. Lettre de Bessières, 7 juin 1808.
2. D. Bikélas, *La Grèce byzantine et moderne*, p. 204.
3. Pouqueville, *Voy. de la Grèce*, II, 484.

L'intervention de Blachavas dans la révolte des paysans grecs de Trikala causa de vives inquiétudes au Pacha de Janina ; elle fit en même temps naître chez ses ennemis une lueur d'espoir. Mustapha Pacha, qui depuis si longtemps hésitait à reconquérir ses terres de Delvino, dont Ali l'avait dépossédé au profit de son neveu, se montra disposé à agir ; il envoya son frère Salik Bey faire de sa part des ouvertures au général Donzelot. Le Pacha de Bérat trouvait de son côté l'occasion favorable ; son secrétaire accourut à Corfou. A Mustapha comme à Ibrahim, il fallait de l'argent pour lever des troupes. Le premier reçut aussitôt 14 000 francs, le second 25 000 francs. De la Chimera, du Xéromeros, du Chamouri, tous les chefs se trouvaient prêts à marcher contre Ali Pacha et c'était à grand'peine que Bessières pouvait retenir les Souliotes du régiment albanais. Il était nécessaire en effet que le mouvement conservât un caractère purement indigène. Donzelot et Bessières ne pouvaient être que « l'âme et le moteur invisible »[1] d'une action dont

1. Lettre de Bessières, 14 juillet 1808.

la direction appartenait à un chef albanais.

Ce fut autour du Pacha de Bérat que se groupèrent tous les ennemis d'Ali. Par sa naissance, par l'ancienneté de sa race, par son mariage avec la fille de Courd Pacha, Ibrahim était le plus considéré parmi les Beys de l'Albanie. L'union malheureuse de ses deux filles avec les fils du Pacha de Janina avait encore augmenté la sympathie dont il jouissait. Ses territoires étendus lui assuraient de grands revenus. Le port de Vallona, avec son marché qui, chaque vendredi, attirait beaucoup d'étrangers, le mettait en communications faciles avec le royaume de Naples et avec Corfou et lui permettait d'exporter les bois, si recherchés pour les constructions navales, que ses forêts fournissaient en abondance, le goudron qu'il tirait d'une montagne proche de Vallona, le bétail, le blé et l'orge de la Musachia. Cette grande plaine était « une seconde Pouille »[1] : arrosée par trois cours d'eau qui la fertilisaient, la Tomoriza qui prend sa source près de Bérat, la Souziza rivière d'Elbassan et la Voyoussa qui tombe dans la

1. Rapport de Guès., s. d. A. E., carton *Bérat*.

mer près de Vallona, la Musachia aurait pu être le grenier de l'Albanie et de Corfou.

Dans sa capitale, Ibrahim vivait indépendant et la présence du consul, que le maréchal Marmont avait placé auprès de lui, lui donnait l'illusion de la souveraineté. La ville même de Bérat n'avait pas d'apparence. Le voyageur qui y était entré se demandait encore où elle était[1], mais la forteresse avec le palais du vizir avait vraiment grand air. Bâtie au sommet d'une colline, dominée par des hauteurs que couronnent dans le lointain les coupoles pyramidales du mont Tomoros, elle formait une sorte d'acropole presque à pic du côté de la rivière. Le mur d'enceinte, en forme de parallélogramme irrégulier et que fermait une triple porte à tourelles et à mâchicoulis, était flanqué à des distances inégales par des bastions armés de quinze canons, choisis parmi un amoncellement de pièces « provenant des vaisseaux pillés ou naufragés à Vallona depuis quarante ans[2] ». Un personnel nombreux vivait autour du Pacha ;

1. Pouqueville, *Voy. de la Grèce*, I, 368.
2. Lettre de Pouqueville du 4 février 1809. A. E., carton *Janina*.

mais le médecin de Corfou, Jean Liperachi, qu'Ibrahim avait depuis plusieurs années attaché à sa personne, avait peu d'estime pour son entourage. Le secrétaire, « l'écrivain Anastasio », son frère Eftimio ne lui inspiraient pas plus confiance que Mina, le confident du Pacha et son agent à Corfou. « Son Altesse est en vérité une honnête personne, écrivait Liperachi à Donzelot, et son caractère est bien différent des autres Albanais, mais sa nation est imbécile et les conseillers qu'il tient chez lui sont très méchants et ils cherchent toujours de tromper non seulement leurs maîtres, mais encore ses alliés... Il est évident, mon Général, que la méchanceté des Albanais surpasse celle du diable et pour cela il ne faut pas croire à aucun d'eux[1]. » Le général Donzelot n'en entretenait pas moins avec ces personnages une très active correspondance, acceptant les protestations d'amitié dont ils l'accablaient, échangeant avec eux des cadeaux, leur donnant pour quelques ocques de boutargue des tabatières ou des montres.

1. Lettre de Liperachi à Donzelot, 8 novembre 1808, 4 mars 1809. *Papiers de Donzelot.*

Dans le courant de juillet 1808, les principaux agas du Chamouri, « chacun d'eux amenant son plus proche parent pour lui servir d'otage », s'étaient, à l'instigation de Salih Bey, rendus à Bérat ; là, après de longues conférences avec les Pachas Ibrahim et Mustapha, ils avaient décidé la guerre contre Ali ; « le plan de campagne avait été arrêté, la foi mutuelle engagée. » La ligue comprenait, avec le Pacha de Bérat, l'ancien Pacha de Delvino et son frère, Hassan Tchapari, aga de Margariti, Proigno, aga de Paramythia, et Hassan Tagliani, aga de Nicopolis. Les Ladri du Xeroméros, dont les chefs réfugiés à Parga, à Sainte-Maure, à Ithaque et à Céphalonie, avaient reçu de Bessières « l'impulsion nécessaire », et les habitants de la Chiméra, qui sur son conseil « organisaient en corps de troupe leur population toute militaire[1] », étaient prêts à marcher au premier signal. De Thessalie, enfin, les insurgés demandaient à prendre part à ce mouvement, sous la protection de l'Empereur, et Bessières chargeait verbalement leur émissaire

1. Lettre de Bessières, 4 août 1808.

de dire à Euthyme Blachavas « que la France verrait avec plaisir les Thessaliens secouer le joug d'Ali Pacha et qu'elle leur accorderait son appui s'ils s'en rendaient dignes par leur courage et leur succès[1] ».

La Confédération disposait d'un artilleur français, le canonnier François Chaise, du 2e régiment d'artillerie à pied[2], que le gouver-

1. Lettre de Bessières, 7 juin 1808.

2. Sur le canonnier François Chaise, nous croyons curieux de citer les deux documents suivants, tirés des *Papiers de Donzelot*.

I. Le Ministre de la Guerre, comte d'Hunebourg au général Donzelot :

Paris, 7 mai 1809.

Général, Par votre lettre du 10 décembre vous n'avez transmis la demande qu'avait faite le vizir Ibrahim, Pacha de Berati, de conserver à son service le canonnier français qui lui avait été précédemment envoyé et qu'a réclamé depuis le 2e régiment d'artillerie à pied auquel il appartient; je ne peux que m'en rapporter à vous, soit pour le faire rentrer à son corps, soit pour le laisser où il est, suivant ce que vous jugerez convenable.

II. Jean Liperachi au général Donzelot :

Bérat, 15 mai 1809.

J'ai l'honneur de signifier à votre Excellence le départ du canonnier François Chaise qui avait été envoyé par S. Exc. M. le général César Berthier à ce visir-ci. Cet homme là, quoique Son altesse a pr curé de se le tenir près de Lui, non seulement pour sa capacité, mais aussi pour son très honnête caractère, il n'a pas voulu se persuader de continuer un service étranger en disant toujours que son honneur le rappelle au service de son Auguste Souverain où il espère de s'acquérir de la gloire. En voyant ce vizir-ci ses sollicitations vaines et connaissant la fermeté de ce canonnier, il a résolu de lui donner son congé pour se rétablir dans son régiment.

Voici donc que cet honnête homme se restitue pour se ren-

nement général de Corfou avait depuis plusieurs mois déjà prêté au Pacha de Bérat, et de 6 à 7 000 hommes, 2 à 3 000 dans le Chamouri, le reste à Bérat. « Il ne tiendrait qu'à nous de doubler ces forces, écrivait Bessières, en doublant nos secours; on a autant d'Albanais qu'on veut avec de l'argent. » Déjà il en coûtait au gouvernement français, pour le mois de juillet, 57 333 francs (33 333 pour Ibrahim, 24 000 pour Mustapha, Salih et les agas du Chamouri), alors que, le mois précédent, la dépense ne s'était élevée qu'à 42 666 francs.

Bessières et Donzelot se félicitaient du résultat auquel ils étaient parvenus ; ils l'estimaient pour le moment suffisant, car ils croyaient avoir ainsi paralysé Ali Pacha et l'avoir mis dans l'impossibilité d'agir, en donnant à l'ambassade à Constantinople le temps nécessaire pour obtenir du Sultan qu'il fût déclaré rebelle. Confiant dans le succès de son plan, Bessières rédi-

dre dans son emploi, en vous priant, mon général, de vouloir bien le regarder de bon œil, car bien que soldat il mérite d'être considéré. Il vous pourra donner aussi quelques instructions à l'égard de l'Albanie parce que par sa longue demeure dans ce pays-ci il est suffisamment informé.

J'ai l'honneur d'être avec le plus profond respect de V. Exc. le très humble et très obéissant serviteur.

Jean LIPERACHI.

geait mémoires sur mémoires pour justifier la nécessité de cette déclaration et il se faisait donner par l'ancien confident du Pacha, Méhémet-Guerini et par le Dr Mavromati, « qui avait été trois ans son médecin », des preuves qu'il jugeait irréfutables de l'attitude coupable d'Ali, aussi bien envers le gouvernement francais qu'envers son propre gouvernement.

Mais Ali ne restait pas inactif. Il soudoyait par son or quelques chefs du Chamouri et les empêchait de suivre l'exemple des agas de Margariti et de Paramythia ; il cherchait à se concilier les Chimériotes qu'une visite du capitaine du génie Angoyat maintenait dans la confédération ; il s'attachait surtout à réprimer la révolte des Thessaliens. Tandis que son fils Mouktar occupait certains villages grecs « également épouvantés de son approche et de celle des révoltés », l'archevêque de Larisse, Gabriel, prêchait la soumission à ses ouailles orthodoxes. L'insurrection avait dégénéré en brigandages ; des bandes musulmanes et grecques semaient la terreur parmi ces populations dont Blachavas avait proposé le concours au général Donzelot ; réduit à ses propres forces, Blachavas avait dû se rendre ; il fut amené à Janina et Pouqueville y revit son hôte de Milias, attaché au tronc du platane de la porte de Bonila, lieu ordinaire des exécutions : « les rayons d'un soleil brûlant frappaient sa tête bronzée qui défiait la mort et une sueur abondante coulait de sa barbe épaisse » ; comme s'il voulait « prendre à témoin de son heure suprême » le consul de l'Empereur, il leva vers lui « ses yeux remplis de sérénité » et expira sans une plainte sous les coups des bourreaux. « Ses membres traînés à travers les rues de Janina montrèrent aux Grecs épouvantés les restes du dernier des capitaines de la Thessalie[1]. »

L'échec de la révolte des Thessaliens avait calmé l'ardeur des confédérés, déjà singulièrement refroidis par l'or du Pacha de Janina. Faisant la guerre « plus par la séduction que par les armes », Ali avait au printemps de 1809 avancé ses troupes sur les terres du Pacha de Bérat, il lui avait pris plusieurs villages et l'avait forcé à signer, le 1er août, une paix, peu sincère d'ailleurs, car, quelques semaines ne

1. Pouqueville, *Régénération de la Grèce.*

s'étaient pas écoulées, qu'Ibrahim voyait de nouveau envahir son pachalik. Ali avait, en effet, levé une petite armée, mais, au lieu de se conformer aux ordres du sultan et de l'envoyer contre les Serviens, il avait laissé son généralissime s'en servir à sa guise. L'occasion était bonne pour Omer Vrioni de faire valoir les droits qu'il prétendait avoir sur la Musachia : il se dirigea sur Bérat où, le 26 septembre 1809, le pacha se trouva enfermé sans avoir eu le temps de réunir des troupes. Cinq cents hommes à peine étaient autour de lui ; ils avaient, il est vrai, « fait le serment de fidélité et juré de résister jusqu'à la fin sans jamais le trahir[1]. » Quant au consul Vernazza, il avait jugé plus prudent et plus conforme à la neutralité d'abandonner son poste et il s'était, ainsi que le Dr Liperachi, retiré à Corfou[2].

Trois mois durant, Omer Vrioni, qui s'était, sans rencontrer de résistance, rendu maître de

1. Rapport de Liperachi au général Donzelot, 1er février 1810. *Papiers Donzelot.*

2. La conduite du consul fut sévèrement jugée par le Département : « L'expédition d'Ali Pacha n'était point un motif pour vous éloigner ; car il réside aussi un consul de France auprès de lui ; nos relations avec les différentes provinces de

la ville même de Bérat, bombarda le château avec ses six pièces d'artillerie et les six gros mortiers dont les Anglais venaient de faire présent au Pacha de Janina. « Toutes les heures, raconta plus tard le malheureux Pacha de Bérat à son médecin, on faisait un grand feu contre mon château, répandant de grands bruits et portant des dommages à toutes les maisons et particulièrement à la mienne. Je me trouvais fort angustié (*sic*) ; cependant je me défendais avec courage. Ali me faisait des propositions généreuses afin de lui rendre la forteresse, mais je ne voulus jamais les accepter. Il a fait faire même des mines pour me bouleverser et des autres expériments de trahison pour me faire mourir. Enfin, après avoir vu que l'affaire serait bien longue pour me vaincre, il a été capable de me révolter aussi tous ceux qui étaient dans le château avec moi et tout à coup j'ai eu le malheur de me trouver

l'Empire ottoman sont indépendantes de celles que leurs gouverneurs ont entre eux. Quelque dût être le résultat des querelles d'Ali Pacha et d'Ibrahim Pacha, votre caractère ne pouvait manquer d'être respecté et peut-être votre présence aurait prévenu quelques actes de violence. » Projet de lettre du ministre à Vernazza, février 1810. A. E., carton *Bérat*.

privé de ceux auxquels j'avais toute mon espérance. Alors j'ai été obligé de me rendre à discrétion[1]. »

Ali s'était, au début des opérations, tenu à l'écart ; son entreprise contre le beau-père de ses deux fils avait indisposé contre lui la plupart des chefs de clans albanais ; il avait attendu, à Delvinaki d'abord, puis dans son château de Tepelen, que les premiers succès d'Omer Vrioni eussent modifié en sa faveur l'opinion publique. Vers la fin du siège il accourut pour négocier la capitulation : Ibrahim lui abandonnait Bérat et se retirait à Vallona.

Ali triomphait ; il avait obtenu « ce que son cœur désirait depuis si longtemps » ; il aurait souhaité davantage, mais il ne se trouva pas un de ses familiers pour consentir à susciter l'incident qui aurait pu être le prétexte de la mort subite du Pacha vaincu. Dans son infortune, Ibrahim restait pour les Albanais le représentant d'une des plus anciennes familles de leur pays : personne n'osait porter la main sur lui ;

1. Rapport de Liperachi du 1er février 1810.

les beys qui venaient de le combattre s'offraient même à répondre de sa vie et à l'accompagner jusqu'à sa nouvelle résidence de Vallona. « Pour les Skypetars, ce fut un jour de deuil de voir Ibrahim et la fille de Courd Pacha, son épouse, abandonner pour jamais le palais de leurs ancêtres[1]. »

A son arrivée à Vallona, le Pacha écrivait au gouverneur général de Corfou[2] :

La présente est pour vous demander des nouvelles de votre santé, car malheureusement il y a longtemps que j'en suis privé ; la mienne est bonne. Il y a quelques jours que je suis arrivé ici, dans mon pays natal, à Vallona, avec ma famille en bonne santé. Je crois que vous avez appris que j'étais assiégé dans la forteresse de Bérat, siège qui a duré trois mois ; l'ennemi avait des canons, des bombes, et tout ce qui est nécessaire. Il m'a convenu, voyant que d'aucune part ne m'arrivait de secours et pour sauver ma vie et celle de ma famille, de céder et de me retirer ici, événement désagréable, mais que la volonté d'Allah tout-puissant soit faite : je le remercie de m'avoir sauvé. Du moins j'éprouve la satisfaction de m'être rapproché d'un ami très cher et de la puissance amie de mon gouvernement.

Il serait nécessaire de m'envoyer M. Vernazza, consul

1. Pouqueville, *Régénération de la Grèce*, I, 316.
2. Lettre d'Ibrahim à Donzelot. Vallona, 15 janvier 1810. *Papiers Donzelot*.

près de moi, pour remplir ses fonctions de consul. Je vous en prie de me renvoyer en même temps mon médecin, M. Liperachi, car ma santé est bien altérée après les malheurs que j'ai soufferts.

J'espère que vous me ferez l'honneur de me continuer votre amitié et de me répondre.

VI

Offre de Vallona a Napoléon.

Ibrahim Pacha offre au général Donzelot de céder Vallona à l'Empereur. — Le Dr Liperachi porte à Paris les propositions du Pacha. — Réponse de l'Empereur.

Par une singulière ironie du sort, au moment où Ibrahim arrivait en fugitif à Vallona, il y recevait le firman impérial qui le confirmait dans sa charge de Pacha de Bérat, d'Elbàssan et de Vallona. Ce n'était plus qu'un vain titre ; abandonné par la plupart des sujets que l'or d'Ali Pacha avait séduits, il n'était plus même assuré de la fidélité des habitants de sa ville natale. Le gouverneur qu'il y avait nommé en août 1809, son neveu Soliman Bey[1], l'avait accueilli très froidement et les principaux beys, travaillés par les agents d'Ali, ne lui témoignaient aucune sympathie. Il n'en conservait pas moins l'espoir que les Français, qui

1. Fils de Zaffer Pacha, frère d'Ibrahim.

avaient intérêt à ne pas laisser le Pacha de Janina se grandir l'aideraient à reprendre sa capitale ; ses secrétaires, Anastasio, Eftimio, Mina, venaient entretenir le général Donzelot de ses désirs qu'encourageaient le Dr Liperachi[1] et le consul Guès[2], ce dernier envoyé par le gouvernement général de Corfou pour résider auprès de lui en remplacement de Vernazza.

Il offrait de « céder aux armes glorieuses » de l'Empereur ses forts de Vallona et, dans la conviction que son offre serait acceptée et qu'il aurait l'appui de la France, il exposait ses demandes :

1° Je demande un secours de quarante mille piastres par mois pour la solde de deux mille hommes, afin de pouvoir me défendre en cas qu'Ali Pacha me veuille attaquer encore ;

2° Je m'engage à faire la guerre à Ali Pacha et à faire liguer contre lui toutes les populations qui entourent ses domaines et pour cet objet j'aurais besoin de cent soixante mille piastres par mois ;

1. Liperachi ne prolongea pas son séjour auprès d'Ibrahim, il revint à Corfou, où il fut nommé par Donzelot, greffier du tribunal d'appel ; voir le décret du ministre du 25 décembre 1810. A. E., *Iles Ioniennes*, vol. 18, fol. 194.

2. Pierre-Joseph Guès, ancien commissaire de police à Sainte-Maure ; sur lui un rapport du 20 déc. 1814, de Lesseps apostillé par Donzelot (carton *Bérat*).

3° Dans le cas où S. M. l'Empereur des Français ferait la guerre contre la Porte, je m'engage de me déclarer en faveur des Français, de faire tous les mouvements que S. M. l'Empereur ordonnerait, de faire tous mes efforts pour entraîner dans le même parti toutes les populations possibles, et enfin de réunir quinze ou vingt mille hommes pour faire la guerre de concert avec les Français, mais je demande, en cas de guerre avec la Porte, d'être prévenu d'avance pour commencer la guerre avec Ali Pacha et pour prendre des mesures qui me mettent à même de donner des preuves de mon attachement aux Français; et pour lever les troupes, soudoyer les chefs des villes principales, il faudrait environ trois cent mille piastres par mois;

4° Dans le cas où la guerre se ferait entre la France et la Turquie, j'implore en récompense de mes services, d'être considéré comme un fidèle sujet, laissant à la grandeur d'âme de S. M. l'Empereur des Français et Roi d'Italie de penser pour mon bonheur;

5° A l'égard des munitions de guerre et de quelques canons nécessaires à la défense du fort que je vais faire mettre en état, S. M. l'Empereur en déterminera les quantités.

Liperachi apporta à Corfou ces propositions qu'accompagnait une lettre du Pacha à l'Empereur[1]. Le Gouverneur général ne crut pas pouvoir se refuser à faire parvenir à Paris la lettre du Pacha ; il chargea Liperachi lui-même de

1. Lettre d'Ibrahim Pacha des 18 février et 30 mars 1810. *Papiers Donzelot..*

cette mission et le médecin diplomate, muni du cachet de son maître qui lui conférait le pouvoir de s'engager en son nom, partit aussitôt pour la France. Arrivé à Paris dans les premiers jours du mois de mai, il trouva, grâce aux recommandations du général Donzelot, le meilleur accueil tant auprès du duc de Feltre qu'auprès du duc de Cadore. Les propositions d'Ibrahim furent étudiées et firent l'objet de plusieurs rapports à l'Empereur[1], qui, le 23 juin 1810, renvoya le dossier à son Ministre des Relations extérieures[2].

« Je ne désire point prendre possession du fort d'Avlona ; ce serait me mettre en guerre avec la Porte. Il suffit que ce Pacha s'engage à tenir ses forts bien armés et en état de défense contre les forces anglaises ou autres. A cet effet, le Gouverneur de Corfou offrira les secours d'ingénieurs et tout l'aide nécessaire pour les mettre en état, mais secrètement, pour ne pas compromettre l'indépendance du Pacha, et il aura un agent auprès de lui ; il

1. A. E., carton *Bérat*. Lettres et rapports des 13, 26 mai, 12 et 26 juin 1810.

2. *Correspondance*, n° 16575.

lui fournira en cachette les armes, la poudre et les munitions dont il aurait besoin et même un léger subside ; enfin il favorisera ce Pacha et la confédération du Chamouri par tous les moyens qui sont en son pouvoir. Traitez bien l'agent qu'il a à Paris, donnez-lui des secours s'il en a besoin et renvoyez-le avec cette réponse. Il verra, en passant à Corfou, le général Donzelot pour l'exécution de ces mesures. Vous écrirez au sieur Latour-Maubourg de protéger ce Pacha à la Porte et d'appuyer toutes ses démarches pour lui faire restituer le Bérat. En résumé, je désire soutenir ce Pacha et accroître par des moyens secrets sa force et sa prépondérance ; je ferai même quelques sacrifices pour cela, mais je ne souhaite rien de plus. »

Remboursé de tous ses frais de voyage, qui s'étaient élevés à environ 4 000 francs, Liperachi quittait aussitôt Paris. Il était de retour à Corfou le 16 octobre, après avoir, d'Otrante, le 13 de ce mois, écrit à Ibrahim Pacha pour lui faire connaître le sens de la réponse de l'Empereur.

VII

Triomphe d'Ali Pacha.

Ibrahim Pacha est trahi par ses secrétaires et abandonné par ses alliés. — Ali se prépare à attaquer Vallona ; son ambition excessive excite l'animosité des beys albanais.

Une nouvelle confédération, encouragée par le Sultan, est organisée par le général Donzelot et le commissaire impérial Lesseps. — Missions du chef de bataillon Mercati et du lieutenant Stamati auprès de Mustapha Pacha de Delvino, qui s'allie à Selim bey Coca et aux beys d'Argyrocastro, de Gardichi, et de Zulati.

Ibrahim Pacha, chassé de Vallona par les troupes d'Ali, se réfugie dans les montagnes et se livre à son vainqueur.

Les confédérés prêtent serment de lutter contre Ali jusqu'à la mort ; leurs propositions au général Donzelot; mission à Corfou des secrétaires de Selim Bey Coca. — Défection des beys de Zulati ; reddition de Delvino et d'Argyrocastro. — Mustapha pacha, Demir Dost et Selim bey Coca enfermés dans Gardichi demandent des secours au général Donzelot.

Siège et prise de Gardichi. — Triomphe du Pacha de Janina.

En apprenant le départ de son médecin pour Paris, Ibrahim avait écrit avec tristesse au général Donzelot : « Où serai-je à son retour ? » et en effet, au cours du voyage de Liperachi, le Pacha avait vu sés affaires se gâter. Ses secrétaires avaient disparu ; Anastasio, trahissant ouvertement son maître, s'était rendu à Janina, où pendant cinq jours consécutifs il était resté enfermé au Palais avec Ali pour lui permettre d'examiner ses papiers[1]. Quant à Eftimio, il s'était réfugié à Corfou ; mais ses allures louches avaient bientôt attiré l'attention du commissaire impérial et, pour éviter qu'il n'allât rejoindre son frère ou qu'il ne communiquât par son intermédiaire au Pacha de Janina de nouveaux documents secrets sur les affaires de Bérat, le Gouverneur général le fit arrêter; il l'expédia dans le plus profond mystère à Ancône en priant les autorités militaires françaises de le faire interner dans une forteresse[2].

A Vallona même, la plupart des beys s'étaient ralliés au Pacha de Janina. Le Pacha de Delvino, qui, le 6 avril 1810, avait encore écrit à l'Empereur Napoléon pour lui offrir son concours[3], s'était trouvé dans l'obligation de suivre leur

1. Pouqueville au général Donzelot, 3 janvier 1811. *Papiers Donzelot.*

2. Eftimio, dont l'arrivée à Ancône était signalée le 15 mars par le Ministre de la Guerre au Ministre des Relations extérieures, fut interné dans la forteresse de Campiano. A. E., *Iles Ioniennes*, vol. 14, 15 et 17.

3. Le Pacha de Delvino au général Donzelot, 10 juillet 1810. *Papiers Donzelot.*

exemple. Il s'en excusait d'ailleurs auprès du général Donzelot ; son secrétaire, Euphémios Panos, était venu de sa part expliquer à Corfou les raisons qui l'avaient forcé à faire sa paix avec Ali ; si un jour Ibrahim était en mesure de résister, il s'allierait à lui, mais en attendant il lui fallait envoyer à Janina son fils en otage.

Dans les premiers jours de juillet, Pouqueville voyait arriver à Janina, « en qualité d'otages de la foi jurée par leurs pères », le fils de Mustapha de Delvino, Sefer Bey, le fils de Tagliani de Konispoli, le fils de Mourteza d'Argyrocastro ; la musique du Pacha était envoyée à leur rencontre et ils faisaient au château une entrée solennelle. Les habitants de Konispoli, d'Argyrocastro, venaient, comme leurs chefs, jurer obéissance ; de tous les cantons du Chamouri des députations arrivaient à Janina. Leur défilé ininterrompu arrachait des larmes aux malheureuses filles d'Ibrahim. Enfermées dans les palais de leurs maris « leurs gémissements importunaient sans les attendrir ces barbares » ; personne ne communiquait avec elles, sauf ceux qui leur portaient à manger, et, sur l'ordre du Pacha, on leur avait « retiré papier et plumes[1] », pour les mettre dans l'impossibilité de donner de leurs nouvelles à leur père ; Ali ne voulait pas, en effet, qu'elles pussent le prévenir de ce qui se passait à Janina. Il avait décidé d'en finir avec son rival ; au son du canon et des salves de mousqueterie, il faisait publier un firman qui accordait à Mouktar Pacha, son fils aîné, déjà Pacha de Lépante, l'investiture du pachalik de Bérat, Elbassan et Vallona ; il prenait pour mettre ce firman à exécution toutes ses dispositions avec ses commandants les plus fidèles, Omer Vrioni, le vainqueur de Bérat, et son boulouk bachi, Tahir Bey. Sur un avis de ce dernier, il partait précipitamment, par Préméti, pour Bérat.

La ruine d'Ibrahim paraissait imminente. Pouqueville s'en inquiétait, il pressait le général Donzelot de prévenir du danger dont il était menacé ce Pacha, persécuté uniquement parce qu'il était l'ami des Français : « il fallait, s'il voulait se défendre, lui donner des

1. Pouqueville au général Donzelot. Lettres des 9 juillet, 2 août 1810. *Papiers Donzelot.*

secours, et, s'il ne voulait que sauver sa tête, lui donner asile » ; mais en était-il encore temps, Ali ayant demandé au colonel Owen, venu à Janina en septembre, de faire en sorte qu'une croisière anglaise empêchât toute communication de Vallona avec Corfou[1] ?

Un instant cependant les affaires d'Ibrahim parurent prendre meilleure tournure. L'ambition excessive d'Ali effrayait ceux-là même qui venaient de se rallier à lui ; un mouvement de révolte se dessinait : « il y a vingt-cinq jours toute l'Albanie tremblait au nom d'Ali ; on a repris courage sur la nouvelle vraie ou fausse de préparatifs faits à Corfou contre lui[2]. » Une assemblée populaire se tenait à Vallona et les primats d'Elbassan, qui s'y trouvaient réunis aux chefs des Labis, juraient « sur les Saints Évangiles et sur l'Alcoran », d'être fidèles à Ibrahim. On prenait les armes et, dans une première rencontre, le fils de Zaffer Pacha, Soliman Bey, battait les troupes de Janina. Les beys de Ca-

1. Pouqueville au général Donzelot. Lettres des 17, 29 juillet, 24, 27 septembre 1810. *Papiers Donzelot*.
2. Lettre de Guès au général Donzelot, 10 janvier 1811. *Papiers Donzelot*.

nina, Demir aga, et avec lui les notables de Gardichi, les agas de Zulati, de Culoza, s'engageaient aussitôt dans le mouvement, et les beys de Ducatès envoyaient des émissaires à Corfou demander des armes et de la poudre[1]. Le moment paraissait favorable pour entraîner Mustapha Pacha de Delvino ; successivement le chef de bataillon Mercati, le lieutenant Stamati venaient le trouver dans sa résidence de Vaguladès[2] et s'efforçaient de le gagner à une cause à laquelle adhéraient déjà son frère Selim bey et Selim Bey Coca, le plus influent des Beys de Delvino.

L'heure était décisive. Si Ali s'emparait de Vallona, l'indépendance de Delvino, d'Argyrocastro, de Gardichi était compromise. Mustapha s'en rendait compte, mais pour se mettre en mouvement, il lui fallait de l'argent : il remettait au lieutenant Stamati la liste des subsides qu'il jugeait nécessaire de « payer une fois seulement » à certains agas pour se

1. Pouqueville au général Donzelot. Lettres des 12, 15 avril 1811. — Lettre des primats de Ducatès, Malio Modaco, Stefo Millo, Coca Gica au général Donzelot. *Papiers Donzelot.*

2. Rapports de Mercati (janvier 1811); de Stamati (juin 1811). *Papiers Donzelot.*

les attacher : les notables de Conispoli, de Filiatès, de Delvino, de Paramythia, de Cozica, de Lopsy, de Pizari, de Calupacqui, de Dagliani, de Grava, de Glicocori, de Spatari, figurent individuellement sur ce document avec l'indication de la somme à leur verser ; pour d'autres villages, Marcati, Salesi ou Arvano, le subside devait être touché par l'ensemble des agas. Le gouverneur général, qui avait déjà dépensé pour la confédération du Chamouri plus de 450 000 francs[1], envoya une fois encore de l'argent et Moustapha se décida à agir ; il le fit d'autant plus volontiers qu'il vit arriver dans ses montagnes, pour engager les agas à s'unir contre Ali, un émissaire dont l'ambassadeur de France avait obtenu du Sultan l'envoi[2].

1. Bessières écrivait au Ministre des Relations extérieures, le 14 février 1810, que depuis dix-huit mois il avait été fourni à la confédération du Chamouri, 430 698 francs. A. E., *Iles Ioniennes,* vol. 14.

2. Le départ de cet émissaire, Paléopoulo, était annoncé au général Donzelot par une lettre du chargé d'affaires à Constantinople, en date du 24 juin 1811 : « La présente lettre sera remise à V. Exc. par un grec, nommé Paléopoulo, qui part en ce moment d'ici pour visiter les chefs grecs et turcs de l'Albanie ennemis d'Ali Pacha ; il est chargé de les encourager à faire les démarches directes auprès du Souverain

Mais toutes ces dispositions étaient trop tardives. Ali avait brusqué les choses ; ses Albanais étaient entrés le 1er août dans Vallona, chassant devant eux le malheureux Ibrahim, qui en était réduit à se réfugier dans les montagnes avec sa famille et quelques partisans.

Le désastre d'Ibrahim jeta la consternation parmi les confédérés ; mais ils s'étaient trop

contre Ali Pacha. Il est muni de lettres de créance de ceux du même parti qui sont à Constantinople. Il doit s'aboucher à Nègrepont avec Hakki Pacha et passer par la Livadie jusqu'au Chamouri et dans les montagnes de Gardiki et d'Argirocastro. La ligue qui vient de se former contre Ali Pacha dans ce pays, a fait juger que le moment était favorable pour cette mission ; elle a le double but de soutenir le courage de la ligue en lui donnant des preuves frappantes de la haine du Sultan pour Ali Pacha et de hâter l'expression de cette haine en excitant les opprimés à recourir à l'appui du trône. Cet envoyé a en outre l'ordre de faire voir à ceux de Gardichi, Argirocastro et du Chamouri, combien ils doivent attacher de prix à la conservation de Corfou et d'examiner s'ils sont disposés à entrer avec Votre Excellence dans une alliance... Le gouverneur de Corfou pourrait par exemple de son côté s'engager de fournir en secret des armes, des munitions et ceux du continent d'approvisionner Corfou... Après avoir pénétré les dispositions de ces peuples, l'envoyé doit passer à Corfou et rendre compte du tout à V. Exc. Il est inutile d'observer qu'il ne parlera ni en mon nom, ni au nom d'aucun français ; il portera les paroles du parti qui l'expédie. Je ne connais point cette personne, mais j'ai une entière confiance dans ceux qui l'ont choisie et la font partir... » *Papiers Donzelot.*

avancés pour reculer. Selim Coca, dont la famille s'était pendant plusieurs siècles considérée comme la première dans la contrée, aspirait à jouer un rôle ; il prit la tête du mouvement, s'efforçant tout d'abord d'empêcher l'ancien pacha de Bérat de tomber entre les mains de son ennemi ; mais déjà Ibrahim s'était de lui-même livré au pacha de Janina. Il ne restait plus à Selim Coca qu'à combattre pour son propre salut. Les beys d'Argyrocastro et de Gardichi s'engageaient sous serment à lui prêter leur appui[1] :

Argyrocastro, le 23 août 1811.

Nous soussignés, Primats d'Argirocastro et de Gardichi, attestons d'avoir fait la présente déclaration, revêtue de nos cachets, par laquelle nous établissons un contrat d'union pour cinq ans entre nous et Selim Bey Coca zadé de Delvino. Par les présentes nous nous déclarons indissolubles pour agir de concert soit pour attaquer Ali Pacha, notre commun ennemi, soit pour nous défendre contre lui.

Nous avons donc résolu que si quelqu'un de nos compatriotes prend du service sous les ordres d'Ali Pacha, il sera considéré de tous les autres comme en-

1. L'acte d'union des beys d'Argirocastro et de Gardich avec Selim Coca porte la date du 23 août 1811. Nous en donnons la traduction faite par le chef de bataillon Mercati. *Papiers Donzelot.*

nemis de la Patrie et sa maison sera livrée aux flammes. Nous nous engageons de reconnaître pour amis tous ceux qui seront attachés à Selim Bey, comme au contraire de considérer ennemis tous ceux qui seront ennemis du même Selim Bey. Si Ali Pacha prenait des mesures pour attaquer Argirocastro ou Gardichi, alors Selim Bey demeure obligé de prendre les armes contre ce vizir du côté de Delvino. Si Ali Pacha vient faire une expédition contre Delvino ou autre pays de Selim Bey, en ce cas nous nous engageons de marcher contre Ali Pacha sur tous les points et d'employer toutes nos forces à la guerre contre cet ennemi, contents de perdre, s'il le faut, notre vie et nos biens pour ne pas tomber dans les mains de ce tyran. Selim Bey s'oblige d'insurger en faveur de notre parti tous les Albanais de Zuliatès, c'est-à-dire ceux qui se trouvent au service d'Ali Pacha, afin que la route de l'Albanie supérieure puisse rester ouverte pour nous et les frais qui résulteront de cette entreprise resteront à sa charge sans jamais pouvoir obliger aucun des alliés.

Si Selim Bey par ses titres et ses relations est dans le cas de recevoir des secours de quelqu'un de ses amis pour l'aider à soutenir cette guerre, il sera le seul maître de disposer de ces secours comme il lui plaira en les employant pour frais de la guerre. Lorsque Selim Bey sera en mesure, soit à l'aide de ces secours, soit autrement, il donnera ses ordres, soit de rester sur la défensive, soit de commencer les hostilités. Dans le premier cas nous resterons en attitude jusqu'au moment où Selim Bey jugera les circonstances favorables à l'exécution de nos desseins; car nous déclarons de nouveau que nous ne nous rendrons jamais à Ali Pacha, fussions-nous réduits à vendre jusqu'aux souliers de nos femmes. Dans le second cas nous nous engageons d'employer toutes nos forces pour agir contre le commun ennemi et de l'obliger d'évacuer tous nos pays et ceux de Delvino.

Quoique Selim Bey n'ait pas voulu jusqu'à présent nous faire connaître les amis dont il espère obtenir des secours, nous ne voulons pas le contraindre à cette révélation, ni même lui parler davantage sur cet objet.

Lorsque Selim Bey aura fait révolter tous les Albanais qui sont à présent du parti d'Ali Pacha, ainsi qu'il s'y est engagé sur sa parole d'honneur, alors nous commencerons les opérations qui doivent résulter de notre alliance indivisible avec lui, comme nous l'avons exprimé ci-dessus.

Si nous n'observons pas tout ce que nous avons décrété, que la grâce de Dieu s'éloigne de nous, que le grand Prophète déchaîne sur nous tous les malheurs, que le Diable Voruch soit notre héritier, que la mort nous trouve sans foi, et que nous nous détachions de nos femmes pour trois générations.

Ce contrat sera observé par nous dans tous ses points avec toute sa sincérité et celui qui y prévariquerait sera considéré comme ennemi de la Patrie et sera par nous condamné à la mort.

Pour Argyrocastro :

Mustapha Bey, fils de Caplan Pacha zadé.
Murtesa Bey, fils d'Alisot Pacha zadé.
Memetopulo Curais zadé.
Hussein de Bechir Zéco aga.
Matus Regios aga.
Paitis Kisdaris aga.

Pour Gardichi.

Demir Dosti aga.
Demirsis aga.
Ali de Mémet aga.
Suleiman Albanis aga.
Cassis Malios aga.
Aban Resepis aga.

Selim Coca s'empressa de faire porter à Corfou cet acte d'union qui prouvait qu' « il ne marchait pas sur des planches pourries[1] » et qu'il était bien d'accord avec ses confédérés ; mais, ainsi que ses secrétaires, Carito et Theodorati, étaient chargés de le rappeler au gouverneur général « les Albanais aimaient beaucoup l'argent » ; il avait dû promettre des subsides à ses affiliés :

A Ago Schendo, à Ressuli de Zuliatès et à tous leurs parents.	12 000	piastres.
A Mero Bububassi, Ali aga Fanti, Mbeco Zuliati et à tous leurs parents..	7 500	—
A Liama Cuci et aux habitants de Veyo..	8 000	—
Aux six familles de Zuliatès qui étaient auparavant du parti d'Ali Pacha. .	7 500	—
A Ambas Alico et à tous les habitants de Golemi..	13 250	—
A Mustapha Imbro et à tous les habitants de Progonatès.	12 100	—
A Zambo, à Hassan Rame et à tous les habitants de Gosmari.. . . .	6 300	—
A Ali Aga et à tous les habitants de Nivizzi Lopsi.	15 300	—
Aux habitants de Bedopadi et Hicopsiti.	3 200	—
Aux habitants de Cuzzi.	7 000	—

1. Selim Bey Coca au Dr Liperachi. Lettre du 27 août 1811. *Papiers Donzelot.*

Aux habitants de Bolenates et Calarates.	4 500	piastres.
Aux habitants de Fletiste et Zorates.	2 500	—
Aux Borsiots.	11 100	—
Aux Papaniots.	1 500	—
Aux Jalosates.	4 600	—
Aux Coloniates.	2 400	—
Aux Pizzariots.	6 500	—

Le total s'élevait à la somme de 131 250 piastres, à laquelle devait s'ajouter la solde des 12 000 hommes que la confédération mettait sur pied, Murteza Bey d'Argyrocastro et Mustapha Pacha de Delvino, levant chacun 3 000 hommes ; les 6 000 autres étaient payés par Selim Coca, qui s'en rapportait d'ailleurs à Mustapha, son allié, pour fixer d'une manière définitive le chiffre du subside, si l'évaluation présentée au Gouverneur général paraissait trop élevée[1].

Avant que Selim Coca n'eût reçu la réponse du général Donzelot à ses demandes d'argent, les hostilités avaient commencé ; de petits combats s'engageaient de tous côtés avec les Albanais de Janina, dont Omer bey Vrioni,

1. Selim bey Coca au général Donzelot. Lettres des 29 août 2, 5, 7, 13 et 17 septembre 1811. *Papiers Donzelot.*

devenu gouverneur de Bérat, avait pris le commandement. On se battait autour d'Argyrocastro, autour de Delvino, et dans ces rencontres, les confédérés avaient souvent l'avantage ; ils faisaient prisonniers le Selictar-Aga d'Ali et le frère d'Omer Vrioni, Suleïman bey ; ils battaient les Mirdites à la solde du Pacha et en décapitaient plusieurs[1]. Mais, fidèle à sa tactique, le Pacha de Janina envoyait dans les montagnes ses émissaires chargés de sequins et bientôt on apprenait à Corfou que les agas de Zuliatès avaient abandonné la Confédération. Cette défection compromettait la défense de Delvino, où la bataille durait depuis plusieurs semaines, les Albanais d'Ali occupant vingt-six maisons, Selim Coca en gardant trente-trois avec son palais, celui de Hadji aga Agurda et les rues de Calopodates et de Mustapha pacha[2]. Omer Vrioni pouvait alors s'emparer des trois villages de Leftorocovi, de Cacodichy et de Canina, qui formaient la clef de Delvino et la ville tombait au pou-

1. Sur les Mirdites à la solde d'Ali, voir Hughes, II, 27.
2. Selim bey au général Donzelot. Lettres des 6, 19 novembre 1811.

voir d'Ali, dont tout l'effort se portait aussitôt sur Argyrocastro : il voulait en finir avec cette ville qui, selon son expression à Pouqueville, « était une coque de plomb qui lui pesait sur le nombril[1] ». On y traînait de l'artillerie, « un obusier et deux pièces de 24 », et les beys, « voyant que les Albanais ne conservaient pas leur parole, mais qu'au contraire tous se vendaient au vizir », prenaient la décision de « se rendre pour ne pas être obligés de le faire par la force. » Le 3 décembre, le descendant des Caplan, Murtéza, et le fils d'Alizot Pacha, se livraient à Ali Pacha[2].

La situation de Selim Coca et de ses alliés Demir Dost et Mustapha Pacha devenait désespérée ; ils avaient transporté leurs trésors à Gardichi, d'où ils adressaient au général Donzelot un poignant appel. Le second fils de Mustapha Pacha, Seïm bey, réussissait à passer à Corfou : « Lorsque je me suis approché de mon père pour baiser sa main, il m'a serré contre

1. Pouqueville au général Donzelot, 9 octobre 1811. *Papiers Donzelot.*

2. Pouqueville au général Donzelot. Lettre du 3 décembre 1811. — Rapports au général Donzelot, novembre et décembre 1811. *Papiers Donzelot.*

lui en pleurant à chaudes larmes, et en me disant : « Mon fils, mon très cher fils, tu pars de mes bras sur mon ordre, et ton voyage sera très périlleux, mais c'est maintenant qu'il faut braver tous les périls. Va, mon fils, je fais des vœux pour toi, et si la fortune t'aide, tu acquerras le titre glorieux de sujet français. J'espère que la clémence du plus grand des souverains s'étendra sur nous : il ne laissera pas périr des hommes qui se sont dévoués à ses ordres. Si tu parviens jusqu'au gouverneur général Donzelot, persuade-le de ne pas nous abandonner. Et si les circonstances font que tu puisses venger ton père et réclamer tes droits, fais-le en fils de Mustapha Pacha et en obéissant toujours aux ordres du gouvernement de Corfou [1]. »

Le fils de Mustapha Pacha était venu inutilement à Corfou, le général Donzelot se trouvant dans l'impossibilité de secourir d'une manière efficace les défenseurs de Gardichi. Selim Coca et ses compagnons firent pendant plusieurs semaines une résistance acharnée, mais

1. Seïm bey fils de Mustapha Pacha au général Donzelot. Corfou, 23 décembre 1811. *Papiers Donzelot.*

accablés par le nombre, ils durent, dans les derniers jours du mois de février 1812, se rendre sans conditions au pacha de Janina. Ils s'attendaient aux pires supplices. Depuis de longues années, en effet, les clans albanais se répétaient qu'un jour Ali de Tepelen tirerait une éclatante vengeance des humiliations et des outrages dont sa mère Khamio avait autrefois été abreuvée par les Gardichiotes ; mais pour le Pacha le moment de la vengeance n'était pas encore venu : il fit dire aux beys vaincus qu'oubliant tout le passé, il voulait les considérer comme des amis et il les invita à sa cour[1].

Refusant la grâce de son ennemi, Selim bey Coca se donna la mort. Plus fatalistes, Mustapha Pacha, Demir Dost et les autres chefs se fièrent à la parole du vainqueur. Tous les beys de la moyenne et de la basse Albanie se trouvaient ainsi asservis par le Pacha de Janina.

1. Guès au général Donzelot, 2 avril 1812. A. E., carton *Bérat*. Rapports de mars 1812 au général Donzelot. *Papiers Donzelot*.

VIII

Ali Pacha et les Anglais.

Ali Pacha, maître de l'Épire et du littoral albanais; ses forces navales; protection donnée à ses corsaires par les Anglais.

Relations d'Ali avec les Anglais. — Le major Leake; ambassade de Seïd Achmet à Londres, émissaires et officiers anglais à Janina. — Dépit du consul de France. — Deux soi-disant Milords: Hobhouse et Byron. — Le corps expéditionnaire du général Oswald. — Prise de Sainte-Maure.

Janina but d'excursion: Hudson Lowe, les officiers du 35e d'infanterie; le colonel Richard Church. — Audiences. — Le nouveau Palais de Litharitza. — Les Grecs à la cour du Pacha. — Le Dr Lucas Via et la marquise d'Ayret. — La *vedutta.* — Chasses sur le lac, Hughes et Holland.

Refroidissement d'Ali à l'égard des Anglais. — Un dîner chez le consul de France.

Après avoir anéanti à Gardichi les seuls beys qui eussent osé lui tenir tête, Ali Pacha était devenu le maître incontesté de l'Épire; il avait étendu sa domination non seulement sur tous les territoires qui dépendaient de Janina, de Bérat et de Delvino, mais encore sur le littoral albanais, dont les Vénitiens, les Russes et les Français s'étaient successivement efforcés de le tenir éloigné ; il pouvait à sa guise ouvrir ou fermer au commerce de Corfou ses échelles de Vallona, de Sayadès, de Santi Quaranta, interdire ou permettre le ravitaillement de la garnison française de l'île. La possession de la côte l'avait, en dépit des ordres de la Porte qui lui défendaient de naviguer dans le détroit, amené à se procurer quelques petits bâtiments ; il disposait à Vallona d'une frégate, capitaine Anagnosti, d'une galiote, capitaine Alireis, d'une canonnière, capitaine Méhémet de Dulcigno, et à Prévéza d'un brick, capitaine Orousch, de deux canonnières et d'un scampavia[1]. Le chef de ces forces navales, Kyria Bey, courait sur les embarcations corfiotes et se permettait parfois de capturer des corvettes marchandes françaises ou des barques armées par le gouverneur général de Corfou. Le *Saint-Spiridion,* l'*Hercule,* l'*Orphée,* le *Véloce,* furent victimes de ces actes de piraterie, qui excitaient chez l'Empereur une indignation dont il

1. Pouqueville au général Donzelot, 25 février 1811. *Papiers Donzelot.*

faisait part dans les termes les plus vifs à ses Ministres de la Guerre et de la Marine :

« Vous témoignerez mon mécontentement au Gouverneur de Corfou de ne pas mettre assez d'énergie dans sa conduite avec Ali Pacha. Si, lorsque l'*Orphée* a été pris, il avait fait sortir une frégate pour le reprendre, il aurait soutenu l'honneur de mon pavillon, au lieu qu'une conduite contraire enhardit ce brigand...[1] Écrivez au commandant de ma marine (à Corfou) que je vois avec peine qu'on laisse insulter mon pavillon par Ali Pacha et ses corsaires. Le capitaine commandant mes navires doit prendre les ordres du Gouverneur général pour tomber sur ses bâtiments et les lui enlever tous à la fois comme pirates[2]. »

Mais que pouvait Donzelot contre ces corsaires auxquels la présence des croisières anglaises assurait l'impunité ?

Les Anglais étaient, en effet, les grands protecteurs du Pacha. Pendant l'occupation russe

1. Au général Clarke, duc de Feltre, 10 octobre 1810. *Correspondance*, n° 17026.

2. Au vice-amiral comte Decrès, 4 mars 1811. *Correspondance*, n° 17417.

des îles Ioniennes, Ali avait eu déjà avec la cour de Londres des relations assez suivies[1]; un secrétaire de l'Ambassade britannique à Constantinople, Hamilton, était venu à Janina; le capitaine Leake[2] y avait séjourné, ainsi que Morier[3] et Foresti[4], qui y portèrent pendant quelque temps le titre de consul. Mais les Anglais étaient alors trop intimement liés avec les Russes pour que leur amitié pût être pour Ali de quelque intérêt; il ne pouvait leur demander de l'aider à conquérir Corfou sur leurs alliés; dès 1804 il s'était détourné d'eux

1. Voir au British Museum, les lettres d'Ali Pacha à Nelson en 1799 et 1800 et les documents concernant la relation du Pacha avec l'Angleterre en 1803, | *add. mss.* 34916, f. 114, 34946, f. 193; 34947, f. 240; 34919, ff. 20, 78, 79.

2. William Martin Leake (1777-1860), lieutenant d'artillerie en 1794, instructeur de l'armée ottomane à Constantinople en 1799, chargé de mission en 1800 à l'armée du Grand-Vizir en Égypte, major en 1809, lieutenant-colonel en 1813. En 1810, il reçut de son gouvernement une pension de 600 ivres pour les services qu'il lui avait rendus en Turquie depuis 1799. Parmi ses nombreux ouvrages, dont l'un la *Topographie d'Athènes* a été traduit en français par Phocion Roque (Paris, 1875, in-16), nous ne citerons ici que *Travels in Northern Greece,* 4 vol. Londres, 1835.

3. John Philipp Morier (1774-1853), secrétaire de l'Ambassade d'Angleterre à Constantinople en 1799, consul à Janina en 1804, secrétaire de légation à Washington en 1810.

4. Spiridion Foresti et son fils George servirent l'Angleterre dans les îles Ioniennes, en Morée et en Épire.

pour se rapprocher des Français. La déception provoquée par le traité de Tilsitt l'avait ramené vers l'Angleterre ; il avait secrètement envoyé à Malte, avec des lettres pour les amiraux anglais, des marchands de cordouans, Nicolas Yanko, Janni de Calaryti, suivis bientôt par un émissaire plus officiel, Marc Gaïos, le neveu de l'archevêque orthodoxe de Janina. Ces intrigues étaient restées inaperçues du consul de France. Elles furent révélées à Pouqueville en même temps qu'à Bessières par le renégat Méhémet effendi, quand ce dernier s'était, après l'insuccès de sa mission auprès de l'Empereur, réfugié à Corfou. Il y avait, pour se venger des mauvais traitements du Pacha, dévoilé les négociations secrètes auxquelles la confiance de son maître l'avait associé. Les menées d'Ali avec les Anglais furent aussitôt dénoncées par les agents français tant au Ministre des Relations extérieures qu'à l'Ambassadeur auprès de la Porte [1].

Elles ne tardèrent pas d'ailleurs à se produire au grand jour. Le capitaine Leake était

1. Bessières, *Mémoire sur Ali Pacha,* 20 sept. 1808. A. E., *Turquie,* Mém. et Doc. 14 B.

revenu en Épire. Voyageant tantôt comme archéologue, tantôt comme agent politique, faisant de fréquentes courses à Malte ou à Londres, résidant soit en Morée, soit en Épire, il allait, de 1807 à 1810, jouer, en dépit de cette vie nomade, le rôle d'un véritable consul à Janina. Il préparait, par ses excursions dans les terres du Pacha, la voie aux officiers des escadres qui croisaient dans les eaux des îles françaises.

Malgré les ordres formels de la Porte qui, sur la demande du chargé d'affaires de France, avait interdit au Pacha de laisser débarquer sur la côte d'Épire les Anglais[1], ceux-ci installaient à une heure et demie de Prévéza, à Metica, dans une maison de campagne d'Ali, un poste de signaux : ils établissaient sur quelques points du rivage, dans des hans, à Cartraiskia, à Regniassa, à Arpitcha, à Megameros, à Chiarenza[2], de petits postes anglo-albanais. Leurs

1. Note de M. de Latour-Maubourg à la Porte, 2 avril 1810, et traduction de l'ordre de caïmakan à Ali Pacha. A. E., *Turquie* vol. 220. fol. 65, 72.

2. D'après HOLLAND, *Travels in the Ionian islands* (p. 14) ce serait de Chiarenza, résidence des princes d'Achaïe de la famille de Villehardouin que serait venu le titre de duc de

officiers descendaient fréquemment à terre. Au début, le Pacha ne voulut avoir avec eux que des entrevues secrètes : un jour il leur donnait audience dans son kiosque de Metica, en cachette du consul de France, alors de passage à Prévéza ; une autre fois, prétextant une partie de chasse, il sortait de Janina avec son fils Mouktar, mais c'était pour s'arrêter à quelque distance au village de Rapchista et pour y recevoir un émissaire anglais qu'il faisait venir de Stavrakia, où il le logeait en grand mystère.

Pouqueville, aux aguets, cherchait à connaître le nom des agents qui lui étaient signalés, le but de leur voyage, le résultat de leurs conversations avec le Pacha ; il notait leur arrivée : le 28 octobre 1808 l'ancien consul Foresti, le 6 novembre plusieurs officiers, le 9 novembre trois officiers qui allaient rejoindre les précédents au palais ; quelques jours plus tard le renégat anglais, Selim aga, ancien capitaine du génie, porteur d'un firman du Grand Seigneur. Les secrétaires du Pacha, anglo-

Clarence ; il aurait été donné pour la première fois par Edouard III à son fils Lionel, descendant par Philippe de Hainault des Villehardouin.

manes comme leur maître, s'empressaient d'accourir chez le consul de France pour lui vanter la richesse des présents apportés par ces Anglais; c'était un jour, « trois longues-vues, dont une garnie de diamants, une table à la turque en argent avec des flambeaux adaptés, des mouchettes et un éteignoir d'un beau travail, une paire de pistolets à huit coups, une belle carabine fabriquée par Cayman à Londres, deux caisses en acajou renfermant un service en vermeil »; une autre fois, « trois paires de pistolets, trois carabines montées en vermeil, trois chevaux enharnachés, tout par nombre impair »; ils lui énuméraient les balles de coton débarquées des bateaux anglais à la douane de Salagora et vendues à l'intendant du Pacha, Genovelli; ils se faisaient l'écho des nouvelles politiques tendancieuses apportées par les Anglais. Les événements d'Espagne donnaient matière aux commentaires les plus désobligeants pour les Français, et Spiro Colovo en sortant de la salle d'audience se faisait un plaisir de les rapporter au consul[1].

1. Lettres de Pouqueville au général Donzelot, des 3, 6 mai,

Pouqueville souffrait de ces récits; aussi eut-il un réel soulagement à recevoir des nouvelles qui, « en contrebalançant le mauvais effet de celles débitées par Ali », allaient rabattre la jactance albano-anglaise. Le roi de Naples venait en effet d'annoncer au général Donzelot et au commissaire impérial Bessières que l'Empereur était entré à Madrid et que les Anglais regagnaient leurs vaisseaux; Murat regardait les affaires d'Espagne comme terminées[1].

« Annoncez par une salve d'artillerie ces nouveaux succès de l'Empereur à toute la Grèce et que le bruit en retentisse jusque dans le sérail de Constantinople. Le moment n'est peut-être pas bien loin où le Pacha de Janina pourrait se repentir de ses coupables complaisances envers l'ennemi du continent. Ce Pacha devrait avoir appris que l'Empereur ne laisse jamais impuni une insulte et un manque de foi. »

Au général Donzelot qui lui avait transmis

16 août, 2 septembre, 28 octobre, 9 novembre, 1, 5, 14, 16 décembre 1808, 20, 25 janvier 1809. *Papiers Donzelot.*

1. Lettres de Murat du 6 janvier 1809, au général Donzelot et à Bessières. *Lettres et papiers*, nos 3720 et 3721.

ces bonnes nouvelles, Pouqueville écrivait : « On a été plus affligé à Janina des victoires de Sa Majesté dans les Espagnes qu'on ne le sera à Londres », et en voyant le Pacha partir pour Prévéza avec plusieurs de ses hôtes anglais, « ses pages, ses ministres, ses conseillers, ses ambassadeurs, les Janko, Catchiki et autres marchands, son drogman Colovo, ses médecins, ses cuisiniers avec leurs ustensiles, une douzaine de derviches fous et l'archevêque de Janina », il s'était réjoui : « la ville est déblayée, on respire » [1]. Sa satisfaction ne fut pas de longue durée.

Le Pacha n'était en effet parti que pour aller recevoir à Prévéza son ambassadeur revenant de Londres. Il ne lui avait pas suffi de correspondre par des émissaires avec les autorités britanniques de Malte, il avait voulu traiter directement avec la Cour d'Angleterre. L'accueil qu'y reçut son plénipotentiaire fut bien différent de celui qui avait été réservé, à Tilsitt, à Méhémet effendi. Séïd Achmet, aventurier marocain, que le goût des intrigues avait

1. Pouqueville au général Donzelot, 10 février 1809. *Papiers Donzelot.*

attiré à Janina où il était devenu l'un des hommes de confiance du Pacha, connut à Londres les joies de la popularité : il se vit représenté dans des gravures en couleur, avec son costume aux tons éclatants, son gros turban, et son narghilé ; et la magnificence avec laquelle il fut traité, dut le faire songer avec tristesse au jour où il retrouverait en Albanie « le pain de maïs et l'huile de Salone qui avaient fait jusque-là sa nourriture habituelle »[1]. Ce moment arriva trop tôt pour lui. Leake le ramena à son maître à bord de la *Topaze*.

Pouqueville signalait leur arrivée à Prévéza le 27 février 1809 ; quelques jours plus tard, un transport, le *Western*, débarquait trente canons, dont quatorze de six, avec affûts, attelages et caissons de campagne et seize avec des affûts de position : quatre mortiers, douze cents bombes, neuf mille boulets, des boîtes de mitrailles et cinquante caisses chacune contenait douze selles[2].

1. Pouqueville, *Régénération*, I, 261.
2. Pouqueville au général Donzelot, 5 mars 1809. *Papiers Donzelot*.

Tout cet armement semblait au consul de l'Empereur plutôt un dépôt qu'un présent. Les Anglais préparaient l'attaque de Sainte-Maure; ils apportaient dans leurs relations avec le Pacha une activité nouvelle : le 7 mai, il n'y avait pas à Janina moins de huit officiers débarqués de deux frégates et d'un brick mouillés à Prévéza.

Un corps expéditionnaire s'était en effet organisé en Sicile sous les ordres du général Oswald[1] ; Ithaque et Cérigo tombaient entre les mains des Anglais, qui s'emparaient ensuite de Zante et de Céphalonie et mettaient le siège devant Sainte-Maure. Avec sa duplicité ordinaire, Ali assistait à ces opérations sans y prendre part ; il accordait mille facilités aux Anglais, mais il s'attachait en même temps à montrer aux Français qu'il savait garder la neutralité, et il se prêtait à faire entrer dans Sainte-Maure assiégée le colonel Baudrand, chargé par le général Donzelot d'une mission pour le général Camus, défenseur de l'île. Il n'avait d'ailleurs aucune hâte à voir tomber Sainte-Maure, se rendant bien compte que les Anglais n'étaient pas

1. Sir John Oswald (1771-1840), nommé major général le 4 juin 1811.

disposés à lui livrer la place qu'ils attaquaient.

Les navires, qui de Sicile ou de Malte ravitaillaient le corps expéditionnaire et ceux qui convoyaient les bâtiments de commerce venant en grand nombre débarquer à la douane de Salagora des marchandises ainsi soustraites au blocus continental, donnaient aux voyageurs anglais l'occasion de passer en Albanie. C'est ainsi que Hobhouse et son ami Byron débarquèrent à Prévéza le 29 septembre 1809. Le Pacha, qui se trouvait alors à Tepelen d'où il surveillait les opérations du siège de Bérat, y fit venir les voyageurs et, sur la recommandation du major Leake, les combla d'attentions. Tenant un jour dans ses mains la tabatière sur laquelle deux ans auparavant, devant le consul de France, il embrassait avec tant d'enthousiasme le portrait de l'empereur, il la montrait à lord Byron et à son compagnon ; il en appréciait le travail, mais quant au portrait, il trouvait qu'il ne valait pas plus que l'original dont il avait horreur. Il croyait ainsi flatter ses hôtes, ne se doutant pas que l'un d'eux, le futur lord Broughton, deviendrait fervent admirateur de Napoléon.

Les prévenances exceptionnelles dont les deux voyageurs furent entourés, sur les ordres du Pacha, excitèrent la jalousie du consul de France. Dans ses lettres au général Donzelot, Pouqueville plaisantait ces « deux soi-disant mylords » qui se promenaient « en habit rouge et plumet blanc » et qui, pour faire leur cour au Pacha, se faisaient « habiller à l'albanaise »[1]. Byron, il est vrai, s'était procuré un costume albanais : « J'ai quelques magnifiques vêtements albanais, la seule chose chère en ce pays. Ils coûtent cinquante livres chacun, et ont tellement d'or, qu'ils en vaudraient deux cents en Angleterre. » En écrivant ainsi à sa mère, il s'était loué de l'hospitalité du Pacha qui l'avait défrayé de tout « gratis »[2], générosité qui donnait à Pouqueville prétexte à nouvelle plaisanterie : « Les prétendus mylords ont pendant leur séjour bassement tendu la main pour recevoir un traitement de table de dix piastres par jour, et voilà ces orgueilleux Anglais, ces

1. Pouqueville au général Donzelot. Lettres des 9 octobre et 15 novembre 1809. *Pap. Donzelot.*

2. Lettre de Lord Byron à sa mère, Prévéza, 12 novembre 1809. *The works of Lord Byron.* London, Murray, 1902. *Letters ands Journals* vol. 1, p 246-257.

mirliflores aux genoux d'un barbare pour manger. » Le consul ne se contenta sans doute pas de dénigrer dans sa correspondance les hôtes du Pacha ; les propos se répètent vite en Orient; les siens parvinrent-ils aux oreilles de Hobhouse? On serait tenté de le croire en lisant la relation de ce voyageur[1] : « M. Pouqueville était à son poste durant notre séjour à Janina ; mais, comme il ne respecte pas la nation qui est en guerre avec son maître, nous n'avons pas eu la satisfaction de le voir. J'ai le regret de dire qu'il s'exagère l'importance de ses fonctions diplomatiques et qu'il ne possède pas l'urbanité qui caractérise sa nation et sa profession. Je me serais abstenu d'en faire mention, si, avec une grossièreté qui a été relatée par un autre écrivain (je fais allusion à M. Thornton), il ne s'était permis sur des personnes et sur une nation quelques réflexions qui font aussi peu d'honneur à son caractère d'auteur qu'à son caractère de gentleman. La noble inimitié de deux grands pays n'autorise pas de pareilles petitesses[1]. »

1. John Cam. HOBHOUSE, devenu lord BROUGHTON (1786-1869),

Le 12 novembre, Pouqueville faisait part au général Donzelot du « départ pour Patras, à bord d'une galiote d'Ali Pacha, des prétendus milords anglais » ; mais il n'était pas plutôt débarrassé de ces touristes encombrants que d'autres lui étaient annoncés : « Nous sommes menacés de voir arriver ici une grande dame anglaise qui se dit parente du Roi George. Pour l'âge c'est une mi-carême, car on lui donne sa quarantaine ; elle court après les antiquités, escortée d'un médecin et flanquée de deux domestiques. » Lady Stanhope ne vint pas à Janina, où l'on vit bientôt plusieurs dames anglaises.

Le prise de Sainte-Maure avait fait des Anglais les voisins immédiats du Pacha de Janina. Pour le nombreux état-major du corps d'occupation des « îles ioniennes libérées », Prévéza et Jánina devinrent des buts de promenade ; le Pacha faisait faire les invitations par ses secrétaires ou par son intendant Genovelli. Après le général Oswald, le vainqueur de Sainte-Maure, qui fut reçu triomphalement à Janina

A journey through Albania and other provinces of Turkey in Europe and Asia to Constantinople during the years 1809 and 1810, 2e éd., 2 vol. in-8. Londres, 1813.

avec des salves de dix-neuf coups de canon, on y vit venir successivement et quelquefois avec leur famille la plupart des officiers du corps expéditionnaire : l'adjoint au commandant en chef, Hudson Lowe[1], chargé de l'administration des îles conquises jusqu'à sa nomination au Royal Corse qui l'éloigna de l'Orient; le colonel Macombe, commandant de la place de Sainte-Maure; le capitaine Smith, du 35e d'infanterie, et maint autre officier de ce régiment, devenu

1. Sur Hudson Lowe (1769-1844), voir Frédéric Masson, *Napoléon à Sainte-Hélène*, p. 173-257.

Les papiers de Sir Hudson Lowe conservés au *British Museum, add. mss.*, contiennent de nombreux documents relatifs au séjour du général dans les îles Ioniennes et à ses relations avec Ali Pacha :

20109-20110, copie de sa correspondance avec le brigadier général Oswald, pendant son administration de Sainte-Maure ; janvier 1809-octobre 1812; — 20164, registre des lettres reçues, nov. 1808-mars 1810; — 20168, id.,-juin 1809-juillet 1811 ; — 20169, 20170, id., octobre 1809-juillet 1811 ; — 20172, copie des lettres adressées par Hudson Lowe à Ali Pacha et aux pachas en Grèce et en Albanie, avril 1810-janvier 1812; 20173, correspondance avec le gouvernement local de Sainte-Maure, le major général Ayret, le colonel Macombe, etc., avril 1810-janvier 1812 ; — 20177, lettres originales adressées au colonel Hudson Lowe par Ali Pacha, du 7 nov. 1809 au 12 nov. 1811 ; par Giovanni Genovelli, Achmet Vrioni, Suleïman Vrioni, Draco Griva, Psallida. — 20184, lettres originales du brigadier général Oswald au général Lowe ; — 20185, lettres originales du major de Bosset, commandant de Céphalonie au général Lowe.

par son long stationnement sur divers points de la Méditerranée un régiment levantin, dont les hommes parlaient presque tous l'italien et le grec. Quant au chef d'état-major du corps d'occupation, le colonel Richard Church, ses allées et venues étaient continuelles[1].

Il s'était chargé de recruter en Morée et sur les territoires dépendant du Pacha de Janina des Grecs qui pussent compléter le corps auxiliaire dont l'organisation avait été commencée dès l'arrivée des Anglais dans les îles. Disposant de sommes d'argent considérables, Church n'eut pas de peine à trouver des recrues ; les chefs du Xeromeros, Boucovalas, Caraisko, s'étaient empressés de passer à son service, entraînant avec eux Colocotroni, qui avait d'abord été à la solde de la France[2]. Ali favorisait ces agissements et donnait ainsi un

1. Richard Church (1784-1873) joua un rôle très important dans les événements auxquels donna lieu la libération de la Grèce. Il se fixa à Athènes, devint général dans l'armée grecque et sénateur du royaume de Grèce.

2. Sur Théodore Colocotroni, voir *Kolocotronès, the Klepht and the warrior, Sixty years of peril and daring, an autobiography*. Translated from the Greek with introduction and noter, by Mrs Edmonds. London, 1892 ; — et *Un héros de la guerre de l'indépendance grecque*, dans les Essais de Bikelas : *la Grèce byzantine et moderne*. Paris, 1893.

nouveau sujet de plainte à l'Empereur, auquel Pouqueville ne manquait pas de signaler les fréquents passages à Janina de l'officier recruteur qu'il appelait dans sa correspondance « le capitaine George[1] ».

Janina était tout aux Anglais. Le Pacha logeait ses visiteurs, tantôt chez quelques notables grecs, Nicolo Argyri, Stavro Jani ou Michel Metzou, tantôt au Palais même. Il n'habitait plus le vieux Sérail : il avait fait construire à l'opposé du *Castro,* à l'extrémité du lac et près des demeures princières de Mouktar Pacha et de Véli Pacha, un palais nouveau, *Litharitza.* Cet édifice immense, en bois peint de diverses couleurs, formait, avec les deux konaks voisins, un ensemble impressionnant. « Il semblait sortir du sein d'une forteresse qui en formait le rez-de-chaussée. » C'était au premier étage qu'était la salle d'audience. Une pièce de plus de 150 pieds de longueur la précédait ; la cour du Pacha s'y trouvait, et Seïd

1. « Il faut faire une note à Constantinople sur le recrutement fait au compte de l'Angleterre à Janina ; dire que c'est une hostilité et faire des instances pour que ces corps soient rappelés. ». Napoléon au duc de Bassano, 26 août 1811. *Correspondance,* n° 18086.

Achmet, le Marocain au teint basané, venait « d'un air très familier » accoster les hôtes anglais de son maître ; il voulait donner aux Albanais « une preuve de ses talents extraordinaires en conversant avec les *Milordis* dans leur propre langue » et il répétait une cinquantaine de fois de suite les quelques phrases qu'il avait apprises à Londres. Le drogman Colovo lui arrachait à grand'peine les visiteurs pour les introduire chez le Pacha.

Ils restaient surpris par les dimensions de ce lumineux salon, dont les nombreuses fenêtres attiraient leurs regards sur le magnifique panorama du lac et des montagnes voisines. Quatre colonnes richement ornées divisaient la pièce, éclatante de couleur sous sa décoration trop chargée. Sur les murs, comme sur le plafond, tout était rouge cramoisi, bleu ou jaune ; cette dernière couleur brillait partout par l'or répandu à profusion. De petits caissons rouge et or, en bois délicatement travaillé, ornaient le plafond ; des boiseries, sans style, mais d'une variété de dessins charmante, formaient une série de niches ou d'étagères pour les armes du Pacha, sabres, poignards et pistolets, qui disparaissaient sous les pierreries et les ciselures d'or et d'argent. Par terre, un immense tapis de Turquie ; le long des murs, un divan dont les coussins en satin cramoisi étaient brodés de larges galons d'or. Des versets du Coran, inscriptions des calligraphes les plus réputés, décoraient la haute cheminée en forme de cône.

Ali se tenait là, avec les manières d'un véritable souverain ; sa barbe, toute blanche et devenue très longue, donnait plus de dignité encore à sa physionomie ; il avait beaucoup appris au contact des nombreux étrangers qu'il avait reçus au cours des dernières années ; il intéressait ses visiteurs par les questions qu'il leur posait, il les étonnait par sa connaissance approfondie des affaires politiques des grandes puissances. A l'écouter, les Anglais oubliaient qu'ils étaient en face du maître d'un pays presque barbare. La Cour du Pacha s'était d'ailleurs bien modifiée ; on y voyait toujours des Albanais farouches, des derviches fous, des confidents fanatiques, vicieux ou cruels ; mais, par un contraste singulier, on trouvait à côté d'eux les éléments d'une société qui aurait pu tenir sa place hors de l'Albanie, dans une capitale de l'Europe[1]. Ali s'était de longue date attaché à ménager les Grecs ; sous son administration, le commerce de Janina s'était développé ; des relations s'étaient nouées avec les centres commerciaux d'Allemagne et de Russie, et de nombreux habitants de l'Épire s'étaient fixés à Leipzig, à Vienne, à Moscou, à Bucarest. L'obligation absolue de ne quitter les territoires du Pacha qu'après avoir désigné, en quelque sorte comme otage, un parent chargé de garder les propriétés de la famille, avait conservé chez ces Grecs l'esprit de retour ; il s'était ainsi formé à Janina une classe riche qui avait fait de cette ville un véritable centre de culture hellénique. Deux écoles florissantes s'étaient créées ; Psallida dirigeait l'une ; l'autre, formée par les Zozima, était confiée à Valano. Les médecins brillaient au milieu de ces commerçants, revenus de l'étranger, et de ces intellectuels familiarisés avec les littératures allemande ou française. Ils avaient tous accès à la Cour ; c'étaient : George Sakellarios, élevé à Vienne, où dès 1797 il avait fait imprimer une archéo-

1. Sur la société grecque de Janina, voir HOLLAND, 148-174.

logie grecque et le premier volume de sa traduction du *Jeune Anacharsis* ; Métaxa de Céphalonie, qui avait étudié à Paris ; le médecin de Mouktar Pacha, Coletti ; Jean Velaras, le médecin-poète de Veli Pacha ; mais le plus européanisé de tous était Lucas Via[1].

Frère d'Athanase Via, le plus fidèle séïde du Pacha, Lucas avait, aux frais du maître, fait ses études de médecine à Paris, à Vienne, à Leipzig. A son retour en Épire, il avait épousé la fille de Psallida, ce qui ne l'empêchait pas de penser quelquefois avec mélancolie aux douze années qu'il avait passées à l'étranger. Ali, qui en avait fait son médecin particulier, aimait à le donner comme guide aux visiteurs qu'il voulait honorer, ne se doutant pas qu'ils apprendraient ainsi les histoires de son harem. Lucas était en effet le seul médecin qui y pénétrât ; il devait ce privilège à sa mère, qui avait mis au monde l'un des fils du Pacha.

Avec Lucas Via, la femme du major général

1. HOLLAND donne dans son *Voyage* de nombreuses indications sur ces médecins et leurs travaux littéraires. Sur Colleti et Velaras, voir DRAGOUMIS, *Souvenirs historiques,* traduits du grec moderne par Jules *Blancard,* Paris, 1890, in-16.

d'Ayret, née Talbot, et Mme Macombe, femme du commandant de Saint-Maure, visitèrent Janina ; douze tchaouches les escortaient, écartant avec leurs longs bâtons la foule sur leur passage ; elles parcoururent le bazar, prirent une collation chez Mme Veli Pacha et, pour finir la journée, se rendirent, dans le carrosse recouvert de drap d'or, au vieux jardin pour y jouir de la *Vedutta*[1].

Le kiosque, d'où l'on avait la plus magnifique vue sur le lac, était un des endroits de prédilection du Pacha. Ali avait la passion de la construction ; partout il faisait bâtir des forteresses, des palais, des maisons de campagne, des kiosques. Argyrocastro, Goménizza, Préméti, Salagora, Prévéza, voyaient en même temps s'élever ces édifices qui témoignaient de sa richesse et de son activité. Le petit palais de Moulania était à peine terminé que déjà il recevait le général Stuart venu spécialement de Sicile pour s'entretenir avec le Pacha. Ali s'occupait de ses huit cents tchifliks[2], veillant aux

1. Pouqueville à Lesseps, 11 mai 1812. A. E. *Iles Joniennes*, vol. 19, fol. 94.

2. D'après la liste établie par M. Andréadès, Ali Pacha pos-

moindres détails de leur administration ; aussi la construction du kiosque du vieux jardin, qu'il avait personnellement dirigée, n'avait-elle été qu'un jeu pour lui. Il l'avait divisé en huit compartiments ou salons ouverts qui tous donnaient sur une grande rotonde centrale, au milieu de laquelle il avait fait disposer un jet d'eau, l'amusement favori des Orientaux : « C'était un petit château fort construit en marbre sur le parapet duquel on voyait alternativement des pièces de canon et des figures d'animaux qui lançaient de l'eau en abondance. Le mouvement de l'eau faisait tourner un petit orgue placé contre une colonne[1]. » Ali donnait parfois à dîner dans cette rotonde ; on y était alors servi dans de la vaisselle d'or ; mais c'était un honneur qu'il accordait rarement ; il préférait, s'il désirait se montrer gracieux envers un de ses hôtes, lui faire offrir par un de ses fils, une chasse sur le lac.

sédait 880 tchifliks ou fermes de rapport : 403 en Epire, 263 en Thessalie, 137 dans la Grèce continentale et 77 dans la Macédoine occidentale. A. Andréadès, *Ali Pacha de Tébélen économiste et financier*. Revue des Études grecques, t. XXV, nº 115, nov.-déc. 1912.

1. Hughes, I, p. 224.

Ce jour-là, tous les caïques de Janina étaient réquisitionnés ; indépendamment de ses rameurs, chaque caïque portait un ou plusieurs chasseurs et autant de fusils que l'on pouvait s'en procurer. Assez longtemps on s'avançait en ligne droite, chassant devant soi des milliers d'oiseaux sauvages de toute espèce ; puis, à un signal, les caïques se formaient sur deux lignes, décrivant un immense cercle ; à mesure que le cercle se rétrécissait, les oiseaux qui s'y trouvaient enfermés prenaient leur vol et passaient au-dessus des chasseurs. Le feu commençait alors et, en quelques minutes, on tuait tant d'oiseaux que l'eau en était couverte. Le gibier ramassé, on recommençait dans une autre partie du lac, pendant que des centaines d'aigles et de vautours planaient avec de grands cris au-dessus des embarcations en guettant leur proie. Vers la fin de la journée, le Pacha paraissait dans sa barque de parade ; il ne prenait pas part à la chasse ; ses mignons parfois lui tendaient un fusil ; d'un lent geste de tête, il le repoussait ; immobile sur ses coussins, le tchibouk aux lèvres, il passait majestueusement au bruit cadencé de ses vingt-quatre rameurs.

Ces chasses étaient le plaisir favori des petits-fils du Pacha. Hussein Bey, Méhémet Bey et Ismaël Bey étaient devenus d'importants personnages auxquels les voyageurs anglais se faisaient un devoir de rendre visite : ils avaient toujours leurs grands yeux noirs et leurs joues légèrement rougies par le fard, mais ce n'étaient plus les « charmants petits animaux » que Byron avait admirés en 1809[1]; ils avaient grandi ; en 1813, le second fils de Veli Pacha recevait Robert Townley Parker[2] et son mentor Thomas Smart Hughes et savait donner à son petit frère Ismaël Bey des leçons de politique : « Se tournant vers son jeune frère[3], Méhémet

1. Byron mentionne les petits fils d'Ali dans sa lettre à sa mère et dans *Childe Harold*, notes du chant II.

2. Thomas Smart Hughes (1786-1847) était professeur à Cambridge quand il fut donné comme mentor (travelling-tutor) à Robert Townley Parker de Guerden Hall, Lancashire, pour visiter la Grèce. A Athènes, Cockerell et le général Davier, quartier maître général des forces de la Méditerranée, se joignirent à eux pour l'excursion d'Albanie ; ils débarquèrent à Prévéza, le 27 décembre 1812. La relation du voyage, illustrée par C.-R. Cockerell, parut à Londres en 1820. Une traduction française en a été publiée à Paris en 1821 : *Voyage à Janina en Albanie, par la Sicile et la Grèce*, traduit de l'anglais de Thomas Smart Hughes par l'auteur de Londres en 1819, 2 vol. in-8.

3. Louis Dupré a fait des deux fils de Veli Pacha un char-

Bey lui demanda s'il aimait les Anglais. L'enfant ne répondant point, par timidité ou par réserve, il lui dit en riant qu'il le ferait enfermer dans une chambre noire avec du pain sec et de l'eau pour toute nourriture s'il n'aimait pas ses amis anglais qui venaient le voir de si loin. »

L'écho des réceptions et des fêtes auxquelles donnaient lieu ces visites continuelles parvenait au consulat de France. Tenu à l'écart par le Pacha, Pouqueville y vivait toujours entouré d'espions, dans un complet isolement. « Quiconque était curieux de conserver sa tête sur ses épaules ne se serait pas permis d'entrer chez lui[1]. » Son jardin, qu'il cultivait avec son frère Hugues, le consolait de cette solitude ; mais il avait beau s'y réfugier, il n'y était pas à l'abri des Anglais qui avaient envahi Janina et il avait, dans la soirée du 31 décembre 1812, le désagrément de voir arriver une caravane d'officiers et de milords qu'un guide albanais, ignorant de la politique, amenait à son consu-

mant dessin qu'il a publié dans son *Voyage à Constantinople et en Grèce*. Nous possédons l'original de ce dessin qui a figuré sous le n° 154 à l'exposition de la Turquerie au XVIII° siècle, et au musée des Arts décoratifs, mai-octobre 1911.

1. HUGHES, I, 264.

lat, l'ayant pris pour le consulat britannique[1].

Mais tout en recevant ces Anglais, en les comblant d'attentions et de prévenances, Ali Pacha se demandait quel profit il tirait de ces relations si intimes. Il voyait l'Angleterre s'établir dans les îles ; ce voisinage lui parut menaçant. Il se décida à prendre ses précautions en s'emparant de Parga et en réalisant ainsi par lui-même les projets qu'il avait jusqu'alors toujours essayé de mener à bien avec le concours d'une puissance étrangère. Ces nouvelles intrigues l'obligèrent à reprendre ses relations avec Pouqueville, dont les Anglais, de leur côté, commençaient à se rapprocher ; l'union se faisait entre les victimes des fourberies du Pacha[2].

Les préventions causées par les récits de Hobhouse s'étaient oubliées ; les voyageurs Hughes et Holland[3], au cours du séjour de plu-

1. Pouqueville au général Donzelot, lettre du 1er janvier 1813. *Pap. Donzelot.*

2. Pouqueville, *Régénération de la Grèce*, I, 404-405.

3. Sir Henry Holland (1788-1873), fut à partir de 1837, médecin de la reine Victoria : Sa relation de voyage parut à Londres en 1815 : *Travels in the Ionian isles, Albania, Thessaly, Macedonia, etc., during the years 1812 and 1813*, in-8.

sieurs mois à Janina en 1813, virent à maintes reprises le consul de France et se louèrent des relations qu'ils eurent avec lui : la première fois que l'un de ces Anglais fut reçu à dîner par Pouqueville, il n'eut pas de peine à s'apercevoir de la joie qu'éprouvait son hôte à sortir de son long isolement ; « la conversation roula principalement sur les misères de ce pays à demi barbare et sur le contraste qu'elles offraient avec les plaisirs et la société de Paris ; de sorte que, sans trop de présomption, nous pouvons espérer que M. Pouqueville aura marqué ce jour d'une pierre blanche[1] ».

1. Hughes, I, 264.

IX

Les Français quittent Corfou et l'Albanie.

La colère de l'Empereur. — Attitude agressive d'Ali. — Inutiles interventions du général Donzelot: les missions en Épire du colonel de Villiers, du lieutenant-colonel Limouzain, des lieutenants Stamati et Charpentier.

Démarches du Chargé d'affaires à Constantinople. — Si la France n'obtient pas par la Porte satisfaction du Pacha de Janina elle déclarera la guerre à ce *brigand*. — Envoi d'un Commissaire impérial à Janina: Djelal effendi; ses conférences avec le Consul et le Pacha.

Ali se rapproche de la France; ses ouvertures à Guès. — Aja et Parga. Le colonel Nicole Papas Oglou et la défense de Parga. — Guès porte à Paris les propositions du Pacha.

Les revers des Français en Russie et en Allemagne encouragent le Pacha à agir. — Il rompt avec la Porte. — Massacre de Mustapha Pacha de Delvino, des dix-sept beys de Gardichi, de Demir Dost et d'Ibrahim Pacha de Bérat. — Le général Donzelot fait fusiller un des « sicaires » du Pacha.

Ali marche sur Parga. — Pour éviter de tomber en son pouvoir, les Parganiotes trahissent le colonel Nicole et livrent leur ville aux Anglais.

Désespoir d'Ali; il voudrait, avec l'aide des Français, tirer vengeance des Anglais et des Parganiotes; mais la France évacue les îles Ioniennes et se désintéresse des intrigues albanaises.

Parga appartiendra à Ali Pacha de Janina; mais « la France et le sultan auront justice de cet homme ».

« Je vous prie[1] de faire un relevé des insultes que m'a faites Ali Pacha de Janina, depuis

1. *Correspondance*, n° 17471.

un an. Envoyez un courrier qui passera par les provinces illyriennes[1], afin de faire connaître au sieur Latour-Maubourg que mon intention est de déclarer la guerre à Ali Pacha, si la Porte ne peut réussir à le retenir dans le devoir. Vous écrirez la même chose à mon consul près Ali Pacha, afin qu'il lui déclare que la première fois qu'il se permettra d'empêcher l'approvisionnement de Corfou et refusera le passage aux bestiaux et aux vivres destinés pour cette place, je lui déclarerai la guerre. Vous écrirez au sieur Lesseps dans ce sens. La douceur et la politesse ne valent rien auprès d'un homme de la trempe de ce brigand. Vous aurez soin d'envoyer ces dépêches par duplicata. »

La conduite d'Ali Pacha n'avait que trop justifié l'irritation à laquelle l'Empereur donnait ainsi cours, le 15 mars 1811, dans ses instructions au duc de Cadore.

Depuis le traité de Tilsitt, le Pacha n'avait cessé de témoigner les plus mauvaises dispo-

1. Voir l'article de M. Ch. Schmidt dans la *Revue de Paris* du 15 novembre 1912 sur les routes balkaniques sous Napoléon Ier.

sitions ; ses intrigues avec les Anglais étaient une menace continuelle pour Corfou, dont elles entravaient le ravitaillement. Les vivres, les grains et les bois que la garnison française demandait à l'Épire ne lui parvenaient qu'à grand'peine et à la suite de pénibles démarches de Pouqueville. Souvent même le consul était obligé de recourir à l'intervention personnelle du Gouverneur général. Sur l'ordre du général Donzelot, le chef de bataillon Mercati, le baron de Villiers, colonel du 6e régiment d'infanterie de ligne, le lieutenant-colonel Limouzain, les lieutenants Stamati et Charpentier, le commissaire de police Fauchier, venaient tour à tour[1] à Janina pour y discuter avec le Pacha toutes les questions auxquelles donnaient lieu les relations de Corfou avec la terre ferme. Mais Ali, qui accueillait si volontiers les Anglais, devenait invisible pour les Français. Dès que l'arrivée d'un envoyé du Gouverneur général lui était signa-

1. Voyages de Mercati, en octobre 1809, de Limouzain et de Stamati, en novembre 1810, du baron de Villiers, en novembre 1810 et en février 1811, de Charpentier, en février 1811, de Fauchier, en mars 1811, de Julien Bessières, en mai 1810.

lée, il trouvait un prétexte pour s'éloigner de sa capitale ; des semaines se passaient à attendre un retour de jour en jour annoncé et remis ; prenait-on le parti d'aller relancer le Pacha jusqu'à Tepelen ou à Bérat, on s'exposait alors à des guet-apens tendus sur les chemins : deux officiers de l'Empereur faillirent ainsi être assassinés à Levtochoria en 1810. L'audience enfin accordée, Ali se répandait en vagues protestations d'amitié envers les Français, de dévouement à l'Empereur, en récriminations oiseuses à l'égard des autorités militaires et civiles de Corfou, en plaintes perfides contre le consul de France. Ces voyages et ces entrevues ne produisaient la plupart du temps aucun résultat. Julien Bessières n'eut pas un meilleur succès quand, en quittant Corfou pour rentrer en France, il tint à passer par Janina dans l'espoir de ramener le Pacha à des sentiments plus favorables.

Le général Donzelot et Pouqueville continuaient à voir leurs correspondances violées ; les conditions dans lesquelles se faisait le ravitaillement de Corfou ne s'amélioraient pas ; les attaques des corsaires albanais contre les barques françaises ou corfiotes se répétaient; les sujets de l'Empereur, napolitains ou ioniens, restaient exposés aux insultes des Albanais; les cachots de Janina conservaient les soldats et même les officiers du régiment albanais arrêtés au mépris du droit des gens[1].

Ali s'était laissé griser par les succès qu'il remportait sur le Pacha de Bérat et sur les Beys du Chamouri et par les attentions que les Anglais lui prodiguaient. La situation générale des affaires de l'Europe lui donnait la conviction qu'il n'avait rien à redouter de l'Empereur, que gênaient dans son action en Orient le traité de l'Angleterre avec la Turquie, les événements d'Espagne et les tendances nouvelles de la politique russe. Il estimait n'avoir plus besoin de conserver aucun égard pour la France et pour son consul. A différentes reprises ce dernier put croire sa vie en

1. Pano Margariti, caporal de la compagnie d'élite du régiment albanais, était maintenu dans les cachots de Janina, depuis le 29 juin 1808; le sous-lieutenant Démétrius Argyrocastriti, un caporal et huit soldats du régiment albanais, enlevés dans une barque à Regniassa, le 20 juillet 1808, n'avaient pas été remis en liberté. Le mjaor Andruzzi, son fils et son neveu, avaient été arrêtés en 1810.

danger; il n'en surveillait pas moins avec le plus grand soin les intrigues d'Ali, les dénonçant à Constantinople, comme à Paris et à Corfou; mais sa correspondance était violée à l'aide des faux cachets qu'un graveur de Malte avait fabriqués pour le Pacha, et les informations surprises ainsi servaient à Ali à incriminer Pouqueville; il l'accusait de le desservir intentionnellement auprès du Gouvernement français et auprès de la Porte, et ses plaintes étaient devenues si vives qu'il avait paru nécessaire au général Donzelot d'envoyer à Janina le chef de bataillon Mercati faire une enquête sur les relations du consul avec le Pacha[1]. La Porte demandait d'ailleurs elle-même le rappel de Pouqueville.

Pendant l'année 1810, le chargé d'affaires de France à Constantinople ne s'était pour ainsi dire occupé que des affaires d'Ali Pacha. Intervenant en faveur d'Ibrahim, l'ami des Français, cherchant à empêcher le Pacha de Janina de faire le siège de Bérat, réclamant contre le blocus mis devant Vallona, négociant

1. Rapport de Mercati sur sa mission à Janina. Corfou, 13 juin 1810. *Papiers Donzelot.*

pour faire rendre Bérat à son ancien possesseur, il obtenait sur chaque point des ordres formels; mais en dépit des firmans impériaux Ali poursuivait ses plans et consommait la ruine de son rival. Latour-Maubourg protestait contre la présence des Anglais en Épire, il signalait les dangers que leur établissement sur cette côte pouvait faire courir à l'Empire. La Porte ordonnait, mais en vain, à Ali de conserver la neutralité et de mettre quelque réserve dans ses relations avec les Anglais. Le chargé d'affaires insistait pour que des mesures fussent prises en vue d'assurer le ravitaillement de Corfou; la satisfaction qui lui était donnée à Constantinople ne produisait aucun effet à Janina.

M. de Latour-Maubourg était forcé de constater que « l'ambassade usait son crédit à faire donner des ordres à Ali Pacha », car Ali était « plus fort que le Grand Seigneur. Je ne sais ce qui arriverait s'il se décidait à se mettre en révolte ouverte, mais tant qu'il conservera pour la Porte une ombre de soumission, il fera impunément tout ce qu'il voudra. C'est par impuissance qu'on ferme les yeux sur ses envahissements. Le grand Seigneur lui avait donné l'ordre d'abandonner l'entreprise contre Bérat ; après la prise de la ville, il n'a plus été question que du génie d'Ali Pacha et de sa fidélité[1]. »

Ali était en effet tout puissant à la Porte. Son crédit y avait parfois subi quelque atteinte. Par les brusques changements qu'elles amenaient dans le personnel de la Cour du Sultan, les révolutions de 1807 et de 1808 lui avaient causé de grandes inquiétudes et un instant il avait craint pour la vie de ses agents à Stamboul, Marin Oglou et Diwan effendi. Mais, depuis l'avènement du sultan Mahmoud, il avait su s'assurer les bonnes grâces des ministres auprès desquels l'ambassade d'Angleterre l'appuyait d'ailleurs au point de vouloir faire de lui un grand vizir. Si les ministres et particulièrement le ministre du Camp, qui avait « lié partie avec lui[2] », n'écoutaient que d'une oreille distraite les réclamations du chargé d'affaires

1. Latour-Maubourg à Champagny, 3 mai 1810. A. E. *Turquie*, 220, f. 90.

2. Latour-Maubourg à Donzelot, 2 septembre 1810. *Pap. Donzelot*.

de France, le sultan était animé d'autres sentiments: « il haïssait mortellement Ali Pacha à cause de l'ombrage que lui donnaient l'accroissement de sa puissance et sa résistance à ses ordres[1] » ; et il n'eût pas hésité à le déclarer rebelle, suivant les suggestions de la France, si la situation de l'Empire le lui eût permis. Mais il lui fallait réprimer l'insurrection serbe, surveiller la conduite du Pacha de Widdin, Hydris, contenir les armées russes sur le Danube. Ne pouvant agir contre Ali Pacha par la force, il le somma de se rendre à l'armée. C'était le moyen habituellement employé par le Grand Seigneur quand il voulait mettre un Pacha à la raison ; mais de pareilles mesures restaient sans effet sur le Pacha de Janina. Décidé à désobéir à l'ordre du Sultan, Ali essayait d'abord d'en obtenir le retrait grâce à l'intervention de l'Ambassade d'Angleterre; il finit par envoyer à sa place à l'armée son fils Mouktar avec douze à quinze mille hommes de ses meilleures troupes. Il « lavait ainsi toutes ses

1. Latour-Maubourg à Champagny, 15 juin 1810. A. E. *Turquie* 220, f. 155.

fautes[1] ». Mais bientôt il dépassait la mesure ; la guerre, que simple gouverneur de province il avait entreprise contre le gouverneur d'une autre province de l'Empire, demandait une sanction. « Sa perte était résolue ». Le bruit courait que des préparatifs étaient faits contre lui ; on affirmait que Mouktar Pacha serait retenu à l'armée avec défense de retourner auprès de lui ; on donnait les noms des pachas auxquels seraient distribués la plupart des territoires usurpés par lui. « Personne n'osait plus parler en sa faveur[2] ». Ces circonstances étaient trop favorables pour que l'Ambassade de France n'en profitât pas. Le chargé d'affaires se mettait en relations avec les agents que les beys albanais ennemis d'Ali Pacha entretenaient à Constantinople ; il encourageait leurs démarches à la Porte et s'employait à faire parvenir au sultan un mémoire rédigé par l'un d'eux, Démétrius Paléopoulo, qui exposait les usurpations et les crimes du Pacha de Janina[3]. En

1. Latour-Maubourg à Champagny, 2 juillet 1810. A. E. *Turquie* 220, f. 179.
2. *Id.*, 2 décembre 1810. *Id.*, f. 368.
3. Mémoire généalogique sur Tépélendelu Ali Pacha. — Mémoire sur les moyens propres à réduire Ali Pacha au de-

même temps, M. de Latour-Maubourg multipliait ses notes[1] ; solidarisant la Porte avec le Pacha, il la menaçait de rupture s'il n'obtenait pas satisfaction et allait jusqu'à demander ses passeports pour se retirer à Andrinople et y attendre les ordres de l'Empereur.

Dans les premiers jours du mois d'avril 1811, des dépêches du duc de Cadore[2] apportaient au chargé d'affaires l'expression de la violente irritation de l'Empereur contre le pacha de Janina. Si le Ministre, dans sa rédaction officielle, avait atténué le ton des instructions de son souverain et ne se laissait pas aller à traiter Ali de *brigand,* il n'en appréciait pas moins avec la plus grande sévérité des agissements auxquels l'Empereur s'était résolu à mettre fin en déclarant la guerre au Pacha et en demandant à la Porte de lui « confier sa vengeance contre ce rebelle ». Quelques pressantes que furent ces instructions, M. de Latour-Maubourg hésita pendant quelques jours à s'y conformer :

voir ou à le détruire. Documents traduits du turc. A. E. *Turquie* 220, f. 373 et 381.

1. Notes à la Porte des 24, 27 janvier et 1er février 1811.

2. Champagny à Latour-Maubourg, dépêches du 20 mars 1811. A. E. *Turquie,* 221, f. 179 et 184.

la déclaration qu'il lui était prescrit de faire pouvait nous aliéner la Turquie en lui laissant supposer que nous avions des vues sur l'Albanie; la Porte d'ailleurs, qui « regardait les affaires d'Albanie comme une plaie mortelle pour l'Empire », se montrait depuis quelque temps mieux disposée à notre égard : elle venait d'envoyer en Épire des ordres formels pour laisser passer les grains destinés à Corfou ; elle avait dépêché à Janina un nouvel officier du Palais avec mission de renouveler au Pacha la sommation de se rendre à l'armée de Roumélie[1].

Latour-Maubourg se décida pourtant, le 12 juin, à notifier les ordres de l'Empereur au Gouvernement ottoman, dont la réponse fut loin d'être satisfaisante. La Porte s'étonnait[2] que la France demandât, sans explications préalables, la punition d'un personnage tel qu'Ali Pacha. La France pouvait-elle rompre avec un vizir sans porter atteinte à la souveraineté du Gouvernement impérial? Il ne pouvait être

1. Latour-Maubourg à Champagny, 24 avril 1811. A. E. *Turquie* 221, f. 271.
2. Note de la Porte, 25 juin 1811. *Id.*, f. 405.

question de sévir contre le Pacha sans avoir soumis à une vérification les faits dont on l'accusait, et cette enquête exigeait avant tout le changement du consul de France à Janina, ce dernier étant la source de toutes les plaintes. Si les rapports du Pacha avec un nouveau consul restaient les mêmes, Ali serait convaincu de n'avoir pas obtempéré aux injonctions de la Porte, qui alors pourrait agir.

A cette note « impertinente », Latour-Maubourg se borna à répondre qu'il remettait l'affaire au jugement de l'Empereur[1] ; après avoir énuméré et précisé les griefs dont il demandait le redressement[2], il ajoutait que, si

1. Latour-Maubourg à Maret, 24 juillet 1811, avec copies des deux notes à la Porte. A. E. *Turquie* 222, f. 51, 57, 58.

2. 1° État des spoliations et violences commises sur des sujets français, notamment au village de Philatès ; péages et emprisonnements arbitraires ; capture du major Andruzzi et de dix-sept Albanais au service de France.

2° Opérations des corsaires anglais sur les côtes d'Albanie.

3° Blocus de Vallona et du Nord de Corfou.

4° Fourniture de grains avariés à Corfou.

5° Interruption des relations commerciales de l'Albanie avec Corfou.

6° Libre exportation des bœufs.

7° Relations d'Ali Pacha avec les Anglais qui tendent à faire tomber Corfou aux mains de ces derniers.

A cette liste de griefs, le chargé d'affaires avait ajouté le viol de toute la correspondance française passant par Janina.

la Porte voulait encore feindre d'ignorer ces griefs, elle pouvait s'attendre à une catastrophe, le sort des armes seul pouvant vider ce différend ; et par ses soins le bruit se répandait que certains préparatifs militaires étaient faits en Illyrie.

Au bout de huit jours la Porte avait changé de ton ; elle accordait à l'Ambassade de France satisfaction sur tous les points et s'engageait à « rendre Ali Pacha sage et soumis ». Tout en se demandant si elle pourrait y réussir, le chargé d'affaires se félicitait de la nomination du commissaire qu'elle avait décidé d'envoyer à Janina et qu'elle avait « choisi parmi les plus considérés et les plus intègres[1] » ; il annonçait au général Donzelot[2] le départ de cet officier de la Sublime Porte, dont la mission devait consister à « régler nos affaires avec S. E. le vizir Ali Pacha et à veiller au maintien de la bonne harmonie et des communications d'amitié et de commerce entre les possessions de Sa Majesté et l'Albanie. Cet officier, ajoutait Latour-

1. Latour-Maubourg à Maret, 4 septembre 1811. A. E. *Turquie* 222, f. 119.

2. Latour-Maubourg au général Donzelot, 2 septembre 1811. *Pap. Donzelot.*

Maubourg, est d'un caractère plein de sagesse et de fermeté ; d'amples instructions lui ont été données ; il connaît les intentions de Sa Hautesse, son souverain. Il sait que ce prince veut faire jouir les Français dans ses États de tous les égards et de tous les privilèges qui leur sont assurés par les traités, par l'amitié mutuelle des deux gouvernements et par le respect dû au nom de S. M. l'Empereur des Français. Djelal effendi est muni de firmans qui prescrivent le redressement de tous les griefs, la restitution des effets, navires et des personnes qui nous avaient été enlevés, le rétablissement du commerce entre les îles et la terre ferme, et le maintien de la neutralité. Ces firmans ont été dressés d'après les réclamations contenues dans les lettres de S. Exc. et du Consul général de S. M. à Janina. S. E. le Reis effendi m'a répété plusieurs fois de la manière la plus solennelle que la mission de Djelal effendi doit, selon la volonté de Sa Hautesse, mettre fin aux divisions et aux irrégularités dont l'Albanie a été le théâtre et rétablir le plus parfait accord entre S. E. Ali Pacha et le Gouverneur de Corfou. »

L'envoyé du Sultan arriva dans les premiers jours d'octobre à Janina, où il fut accueilli par le Pacha avec les plus grands honneurs ; ayant aussitôt accordé une audience au consul de France, il lui prodigua les assurances de sa bonne volonté. Mais Pouqueville était sur la réserve : les deux pachas lui avaient dit, en le prenant tour à tour à part, trop de mal l'un de l'autre pour qu'il ne fût pas tenté de croire qu'ils seraient bientôt d'accord. Le 22 octobre seulement, Ali, pour la première fois, invita le consul à venir conférer en sa présence avec Djelal effendi au château de Litharitsa ; il avait auprès de lui son fidèle kiaya, le vieux Méhémet effendi, Diwan effendi, son ancien agent à Stamboul, et le drogman Colovo ; Pouqueville, qui était assisté d'un interprète pour la langue turque, M. Boyer, mis pour la circonstance à sa disposition par le général Donzelot, comprit dès le premier moment à l'attitude de ces personnages qu'il n'avait rien à attendre d'une mission sur laquelle le chargé d'affaires de France à Constantinople avait fondé tant d'espoir.

Renversé sur le dos sur son divan, le Pacha

semblait écouter avec indifférence la lecture des firmans impériaux, faite par son kiaya, tout en l'interrompant brusquement par des dénégations grossières ou par des reproches à l'adresse de Méhémet effendi, qu'il accusait de ne pas savoir lire ; le kiaya, de son côté, « consultait les regards du Vizir pour savoir ce qu'il devait lire et ce qu'il devait dire ; on se parlait en arnaoute ; Djelal effendi, agenouillé devant le Vizir, applaudissait de la tête à tout ce qu'on lui disait en turc » : quand le pacha interpellait le consul, celui-ci était « croisé par le kiaya et par le drogman Colovo » et parvenait « à peine à émettre une réponse claire et précise. »[1] Des journées se passaient ainsi en discussions ardues, en récriminations inutiles. Après chaque conférence, le consul devait attendre pendant plusieurs journées avant de recevoir une nouvelle convocation ; il fallait en effet que le Pacha eût le temps de s'assurer des bonnes dispositions de l'envoyé du Sultan : le 15 novembre, Djelal effendi ayant accepté quarante bourses d'or, les conférences reprenaient le 16.

1. Pouqueville à Donzelot, octobre 1811. *Pap. Donzelot.*

Ali finit par céder sur toutes les petites affaires et accorda les satisfactions demandées; il faisait, par exemple, mettre en liberté un juif napolitain et sa fille, que le kiaya avait voulu convertir de force à l'islamisme, et délivrait le sous-lieutenant Argyrocastriti, retenu depuis trente-six mois à la chaîne; mais, pour les réclamations de plus d'importance, il montrait la plus grande résistance, et, s'il comprenait qu'il lui fallait enfin céder sur un point, il n'hésitait pas à recourir aux moyens extrêmes : le jour même où le major Andruzzi devait être remis au consul, on trouvait ce malheureux officier, le crâne fracassé, devant la porte de sa prison. Personne ne douta à Janina que le Pacha ne l'eût fait assassiner, pour n'être pas obligé de le rendre; l'envoyé du sultan fut seul à se laisser persuader qu'Andruzzi s'était tué en cherchant à s'évader.

Tandis que se poursuivaient ces discussions qui envenimaient davantage encore ses rapports avec le consul de France, le Pacha était amené par les nouvelles d'Europe à réfléchir sur sa situation. Il continuait à être courtisé par les

Anglais; un secrétaire de l'Ambassade d'Angleterre, Turner, venait de la part de Sir Robert Liston conférer avec lui; il recevait la visite du major-général marquis d'Ayret, commandant en chef du corps d'occupation des « îles ioniennes libérées » et lui rendait un honneur inaccoutumé en allant en personne dans la maison de Stavro Yanni le remercier de sa venue. Mais il se demandait s'il n'aurait pas un jour à regretter de montrer tant d'empressement pour les ennemis de la France. Les préparatifs de l'Empereur contre la Russie l'impressionnaient; il commençait aussi à s'inquiéter de l'attitude du Sultan, que la répression de l'insurrection serbe laissait maintenant libre d'agir contre lui. Sans rompre avec les Anglais, il crut habile de ménager la France. Profitant du passage à Janina du consul Guès, qui avait abandonné son poste de Vallona où sa présence était devenue inutile, il lui fit quelques ouvertures. Guès était trop levantin pour ne pas être heureux de se voir mêlé à une intrigue dont son chef Pouqueville paraissait tenu à l'écart : il s'empressa de faire part de ces confidences au Gouverneur général de Corfou, qui le renvoya aussitôt à

Janina dans le désir d'obtenir du Pacha des précisions sur ses intentions. Il ne s'agissait pour Ali de rien moins que d'implorer le pardon et la protection de la France, et Guès rapportait de sa nouvelle entrevue une lettre qu'il avait mission de remettre à l'Empereur[1].

Sans « faire grand fonds sur ces ouvertures », Latour-Maubourg, comme le général Donzelot et Pouqueville, était d'avis qu' « on pouvait en tirer parti. » « Si la conversion d'Ali est sincère, écrivait le chargé d'affaires, deux causes ont pu l'amener; l'une, la déclaration que j'ai faite, par ordre de l'Empereur, que la France se ferait justice elle-même si elle ne l'obtenait pas de la Sublime Porte; l'autre, la crainte qu'en cas de rupture entre la France et la Russie cette dernière ne reprenne Corfou, aidée par les Anglais »[2]. C'était bien là en effet l'idée qui hantait l'esprit du Pacha; il avait vu tant de fois déjà ses ambitions déçues qu'il voulait, en raison des éventualités qui pourraient se pro-

1. Rapport de Guès au général Donzelot sur sa mission à Janina, 28 décembre 1811. *Pap. Donzelot.*

2. Latour-Maubourg au général Donzelot, 19 février, 3 juillet 1812. *Pap. Donzelot.* Latour-Maubourg à Maret, 16 janvier, 11 février 1812. A. E. *Turquie* 224, f. 24, 147.

duire, prendre les devants sur les Anglais et les Russes, s'assurer de la possession de Parga et, en tout cas occuper en attendant le territoire d'Aja, qui commandait cette place.

« Le canton d'Aja, écrivait le général Donzelot[1], comprend deux villages, le premier de ce nom, l'autre nommé Arpesa. Ces deux communes forment 250 maisons environ et une population de 3 000 âmes, donnant environ 400 hommes en état de porter les armes.

« Il y a à peu près quatre siècles que ce petit canton, qui se gouvernait lui-même comme actuellement, étant menacé par les Turcs, ses voisins, rechercha la protection de la république de Venise, sous laquelle Parga vivait déjà alors. Aja conserva ainsi sa tranquillité et son indépendance pendant plus de trois siècles.

« Dans le déclin de la puissance de la république de Venise, les Ajotes, se trouvant de nouveau inquiétés par leurs voisins et ne pouvant plus compter sur leurs protecteurs, tournèrent leurs regards vers les agas de Margariti, forte commune du Chamouri qui n'est pas éloi-

1. Archives de l'ambassade de France à Constantinople.

gnée de leur territoire. Ils se mirent ainsi à l'abri des incursions et ils ont continué de vivre paisiblement jusque dans ces derniers temps, moyennant une dîme annuelle de 5 000 piastres turques environ qu'ils payaient à l'aga de Margariti, Hassan-Tchapari. Cette dîme se compose d'un prélèvement en nature ou en argent sur les productions territoriales et d'un impôt nommé karasch qui pèse en Turquie sur les sujets grecs seulement et qui consiste en une taxe de 20 paras par tête d'individus mâles et de 60 paras pour celles des chefs de famille.

« Lorsque Ali Pacha eut étendu sa puissance en Albanie et en Épire, il ne manqua pas de chercher à s'emparer d'Aja ; ce pays lui offrait les moyens de s'approcher de Parga dont il a toujours ambitionné la possession. Malgré ses promesses et ses menaces, les Ajotes sont demeurés fidèles aux Parganiotes, qu'ils regardent comme leurs alliés et qu'ils ont toujours secourus dans leurs démêlés avec Ali Pacha.

« Mais depuis que les Français ont pris possession de Parga, en 1807, le vizir a redoublé d'activité pour séduire les Ajotes ou pour les soumettre par la terreur ; souvent il a fait des démonstrations hostiles, mais sans rien entreprendre. Cependant, les Ajotes, craignant pour leur sûreté, députèrent vers moi afin de me faire connaître leur situation et offrirent leurs services à Sa Majesté, me priant d'organiser parmi eux une ou deux compagnies pour la défense du territoire de Parga. Je laissai écouler quelque temps avant de satisfaire leurs désirs à cet égard, pour m'assurer de leur fidélité.

« Dans cet intervalle, Ali Pacha ayant eu avis de leurs démarches, prit un autre plan pour parvenir à son but, il séduisit l'aga Hassan-Tchapari, qui lui abandonna les droits qu'il avait sur Aja contre la cession d'un village nommé Rapesa. Je fus informé aussitôt de cet arrangement.

« Pour paralyser les projets d'Ali Pacha et convaincu d'ailleurs du dévouement des Ajotes et de l'utilité de rattacher cette population à Parga par de nouveaux liens, j'organisai en 1811 une compagnie à Aja à la solde de France et qui fait partie du régiment albanais.

« Cette mesure remplit l'objet que j'avais en vue à l'égard d'Ali Pacha ; il n'osa point mettre à exécution ses projets d'envahissement; il continua seulement à intriguer, à menacer quelquefois, mais sans succès.

« Cependant, il ne négligeait point ses projets; c'est surtout dans ces derniers temps que, menacé par son gouvernement, il a montré le plus de ténacité. Peut-être voulait-il faire de Parga un point de refuge en cas d'événements.

« Enfin, il résolut d'attaquer sérieusement Aja. Pour cacher son intention, il imagina de faire naître une révolution dans la commune de Margariti, insinuant aux chefs par des agents à lui, parlant au nom de son fils Vély, de secouer le joug, en les faisant assurer qu'ils seraient secondés par la plupart des habitants du Chamouri. Les agas donnèrent dans le piège, l'insurrection éclata. Ali Pacha fit alors marcher des troupes de toutes parts contre Margariti. Les agas ne se voyant pas secondés ne firent qu'une faible résistance; quelques-uns furent pris et exécutés; d'autres parvinrent à se retirer avec leur famille sur le territoire de Parga et ont passé à Corfou.

« Ali Pacha m'écrivit pour se plaindre de l'accueil que l'on faisait à ces réfugiés, me demandant de défendre qu'on leur donnât asile ou qu'ils pussent rester à Parga. Peu après il me manda qu'ayant reçu un firman d'investiture du pays d'Aja, il était dans l'intention d'en prendre possession, m'invitant, pour éviter de troubler la bonne harmonie entre nous, d'empêcher aux Ajotes d'entrer à Parga, s'ils voulaient s'y réfugier.

« Je répondis à Ali Pacha que le village d'Aja ayant toujours été considéré comme faisant partie du territoire de Parga et y ayant organisé une compagnie au service de Sa Majesté, je ne pouvais reconnaître le firman d'investiture dont il me parlait qu'autant qu'il me serait donné des avis officiels à cet égard par M. l'ambassadeur de France près de la Sublime-Porte ; qu'il n'appartenait au surplus qu'aux gouvernements respectifs de prononcer sur la possession de cette commune et sur les limites du territoire ; qu'enfin, je regarderais comme un acte d'hostilité envers la France toute entreprise d'Ali Pacha contre Aja et que, quant aux réfugiés de Margariti, je les ferais venir à Corfou. »

Afin de bien observer les mouvements du Pacha, le gouverneur général donna le commandement de la place de Parga au colonel Nicole Papas Oglou.

« C'est un officier supérieur plein de sagesse et d'expérience, écrivait le commissaire général des îles Ioniennes, M. de Lesseps. Il connaît aussi bien le pays que les mœurs des Grecs. Je dois espérer que ses soins, sa présence et la crainte qu'aura Ali Pacha de donner un nouveau sujet de mécontentement à Sa Majesté pourront lui faire ajourner l'exécution de ses projets sur Aja et par conséquent ceux sur Parga, objet naturel de ses convoitises[1]. »

Pour renforcer la garnison de Parga, qui n'était composée que d'une compagnie albanaise, Nicole amena avec lui un détachement du 7e régiment italien, 225 Albanais et 2 pièces de campagne. C'étaient les seules forces sur lesquelles il pût compter; « quant aux habitants, écrivait-il à Donzelot, j'ai passé dernièrement la revue de la garde nationale et j'ai à peine réuni 100 hommes; tous les autres sont en voyage. Je ne compte pas plus sur les Ajotes, qui ne s'occupent que de leurs troupeaux. »

1. Mai 1812. M. G., carton *Naples et îles Ioniennes*.

Dès son arrivée, Nicole se trouva aux prises avec les plus grandes difficultés. Le pacha de Janina avait, en effet, oublié les relations si amicales qu'il avait entretenues quelques années auparavant avec le colonel des chasseurs d'Orient; ses troupes étaient campées à quelques portées de fusil d'Aja et n'attendaient qu'un prétexte pour envahir ce territoire.

Mais, avant d'en arriver là, Ali, confiant dans la force de ses intrigues, essaya encore une fois d'obtenir Aja et Parga de la bonne volonté des agents français. Se rapprochant de Pouqueville, il l'invitait, « de la manière la plus polie », ainsi que son frère Hugues, à une partie de chasse sur le lac. « Il y avait cinq ans que semblable chose n'avait eu lieu. » Le consul ne pouvait s'empêcher d'exprimer la satisfaction que lui causait la reprise de ses relations avec Ali : « depuis huit jours nous ne quittons plus le sérail[1]. » Le Pacha écrivait en même temps dans les termes les plus aimables au chargé d'affaires à Constantinople et l'invitait à séjourner au sérail de Litharitza s'il passait par

1. Pouqueville à Donzelot, 21 décembre 1811. *Pap. Donzelot.*

Janina lors de son prochain retour en France. Latour-Maubourg se montrait sensible à cette politesse et chargeait le consul d'en remercier le Pacha : « J'avais déjà formé le projet de lui demander l'hospitalité à mon passage et je n'y renonce point. J'ai plusieurs motifs pour désirer connaître personnellement le Vizir Ali Pacha, mais surtout je me chargerai avec plaisir de porter moi-même devant le trône de S. M. les paroles de respect qu'il désire y faire entendre, afin d'effacer jusqu'à l'apparence des anciennes difficultés[1]. »

Les premières victoires des Français en Russie avaient produit sur l'esprit du Pacha une profonde impression qu'augmenta encore l'entrée de l'Empereur à Moscou. Le voyageur Anglais Holland, qui se trouvait auprès d'Ali au moment où la nouvelle arriva, fut témoin de l'état de dépression dans lequel elle le jeta : il sembla pendant un instant avoir perdu connaissance, mais bientôt, se reprenant, il se laissa entraîner dans ces combinaisons politiques si familières aux Orientaux et se mit à

1. Latour-Maubourg à Pouqueville, 3 juillet 1812. *Pap. Donzelot.*

discuter avec animation les projets que l'Empereur, « cet homme dont le monde n'avait pas vu le pareil », pourrait avoir sur l'avenir de la Turquie. Ses relations avec le Sultan lui faisaient envisager avec complaisance un partage de l'Empire ottoman[1].

Il était alors en très mauvaise posture au Palais. Le Grand Vizir refusait ses présents en disant qu' « il ne voulait que sa soumission aux ordres de son souverain »[2] ; l'un de ses protecteurs, le prince Morouzi, avait été décapité ; son fils Véli était, à la demande de ses administrés, dépossédé de son pachalik de Morée, et lui-même se voyait retirer sa charge de garde des Dervends ou défilés. Prenant des mesures « pour résister à l'orage » il concentrait des troupes et des approvisionnements à Janina et à Prévéza, et plaçait 3 000 hommes à Mezzov, 3 000 à Grevéna, 10 000 à Florina, Monastir et Véria[3]. Dans ces circonstances, l'appui de la France pouvait lui être utile ; il continuait à

1. Holland, p. 185.
2. Latour-Maubourg à Maret, 14 octobre 1812. A. E. *Turquie* 226, f. 202.
3. Général Andréossy au général Donzelot, 19 novembre 1802. *Pap. Donzelot.*

faire part de ses confidences à Guès et, quand ce dernier fut, par une lettre du duc de Bassano, autorisé à apporter à Paris ses propositions[1], il le fit venir à Prévéza pour lui dicter ce qu'il attendait de l'Empereur. Guès résumait ainsi les conditions du Pacha[2] :

1. Il demande constamment la protection de S. M. l'Empereur et Roi, et il est très empressé d'en recevoir l'assurance.

2. Il désire sincèrement avoir des relations suivies avec la France et mettre fin de la manière la plus politique, c'est-à-dire la plus avantageuse, à celles qu'il a eues jusqu'ici avec nos ennemis.

3. Il promet de donner à Sa Majesté telle garantie qu'elle jugera convenable et possible et de se reposer sur ce qu'elle voudra bien faire pour lui et ses fils.

4. En se dévouant ouvertement à la France, Ali Pacha désire que S. M. l'Empereur et Roi non seulement le protège, mais encore le défende contre toute puissance quelconque qui oserait l'attaquer et lui faire la guerre.

5. Si les résultats de la guerre actuelle entre la France et la Russie venaient à opérer des changements sur le continent de la Turquie européenne, il promet d'agir d'après les ordres qu'il plairait à S. M. l'Empereur Napoléon lui donner ; bien entendu que, dans une telle circonstance, S. M. lui donnerait des officiers d'artillerie et du génie pour diriger les travaux et les batteries

1. Maret à Lesseps. Wilna, 10 oct. 1812. A. E. *Iles Ioniennes*, 20, f. 17.

2. Rapport de Guès, 4 janvier 1813. *Pap. Donzelot.*

qu'il pourrait être obligé de faire établir contre l'ennemi commun.

6. La Porte continuant d'être en bonne intelligence avec la France, S. M. fera agir son ambassadeur à Constantinople pour maintenir le vizir Ali Pacha dans les bonnes grâces du Sultan et de son divan.

7. Dès que S. M. aura assuré Ali Pacha de l'oubli du passé et de sa protection, celui-ci chassera les Anglais de ses ports, leur refusera constamment toute sorte de secours et défendra même aux peuples qui lui sont soumis, sous des peines rigoureuses, de leur vendre des vivres ou des denrées quelconques.

8. Les peuples des îles du Sud qui sont actuellement au pouvoir des Anglais seront traités comme ennemis, si l'Empereur l'exige.

9. Ali Pacha offre à S. M. la facilité de reprendre les îles du Sud et promet de lui fournir jusqu'à 60 000 hommes de troupes dans le besoin.

10. Il persiste à ne vouloir communiquer et traiter à l'avenir qu'avec un agent de S. M. qui ait sa confiance.

11. Il désire enfin que je sois le porteur d'une dépêche qu'il m'a remise pour S. E. Mgr le Ministre des Relations extérieures et d'être honoré par mon retour d'une réponse catégorique sur toutes les propositions précitées.

A toutes ces propositions, le Pacha en avait ajouté une que son confident ne devait exposer que de vive voix au Ministre ; c'était celle qui concernait Parga.

Guès quittait aussitôt Corfou ; il arrivait à Paris le 9 mai 1813. Le duc de Bassano en étant parti le lendemain pour aller rejoindre l'Empereur en Allemagne, il fut reçu par M. d'Hermand, directeur des affaires politiques, qui refusa de l'écouter : « le Ministre s'étant réservé l'affaire », on ne pouvait que lui écrire et attendre sa réponse, pour savoir s'il désirait faire venir à Dresde l'envoyé d'Ali Pacha[1].

Pour un Albanais d'humeur aussi changeante qu'Ali, quelle que pût être la réponse que lui rapporterait Guès, il était évident qu'elle ne conviendrait plus aux circonstances au moment où elle lui parviendrait. Guès d'ailleurs n'était pas plutôt parti que le Pacha regrettait de l'avoir envoyé. Les mouvements de ses troupes autour d'Aja donnaient bientôt des indications précises sur ses dispositions réelles. Le colonel Nicole Papas Oglou se trouvait continuellement aux prises avec les soldats de Janina ; le 10 août 1813 eut lieu un premier combat, dont il rendait compte au général Donzelot.

« Le 10 du courant, à 7 heures du matin, il s'est porté sur notre territoire 800 à 900 hommes des troupes d'Ali Pacha, à un endroit qu'on nomme Masouli ; quelques hommes de Parga

1. Guès à Lesseps. A. E., *Iles Ioniennes*, 20, f. 177.

qui se trouvaient à couper du bois et à garder des troupeaux ont reçu quelques coups de fusil auxquels ils ont répondu. Aussitôt que j'ai entendu cette fusillade, j'ai envoyé un exprès à Soliman Bey afin de savoir ce que voulait dire cette invasion et j'ai ordonné en même temps au capitaine Gianni-Succa, qui commande le détachement albanais, de se porter à cet endroit avec 160 hommes de son détachement, 40 hommes des Turcs qui sont ici avec Metta-Aga, 70 hommes tant des réfugiés de Cénisa que de Santi-Chiriachi, afin de faire retirer les troupes et les faire rentrer sur leur territoire ; à son arrivée il a fait appeler le boulou-bachi qui commandait, pour l'inviter à se retirer ; ils n'ont voulu entendre aucune raison et ont fait feu sur le détachement. Voyant que la fusillade continuait, j'ai ordonné au sous-lieutenant de la compagnie de Parga de porter secours au capitaine Succa avec 40 hommes de sa compagnie, ainsi que 150 hommes de la garde nationale et 60 Cénisiotes et j'ai fait dire au capitaine Succa de se porter sur le flanc droit de l'ennemi et que le sous-lieutenant de la compagnie de Parga tiendrait le centre et la garde nationale l'aile gauche. Le feu devenant plus vigoureux, j'ai ordonné à 100 Ajotes de s'approcher pour soutenir la retraite en cas de besoin. »

Grâce à ces manœuvres habiles, les troupes d'Ali Pacha furent mises en fuite.

L'escarmouche avait duré depuis 7 heures du matin jusqu'à 4 heures du soir. Malgré ces neuf heures de fusillade et l'énorme consommation de cartouches à laquelle s'étaient livrés les Albanais, Nicole n'avait eu qu'un homme tué (de la garde nationale) et deux blessés (l'un Ajote, l'autre de la compagnie de Parga).

« L'ennemi a perdu 50 hommes d'après ce qui m'a été rapporté, mais pour le sûr nous avons vu 24 morts sur notre territoire et plusieurs blessés[1]. »

1. En annexant à son rapport la correspondance qu'il échangea à cette occasion avec le commandant des troupes albanaises, Nicole prévenait Donzelot qu'il ne devait pas ajouter foi à la réponse de Soliman Bey, « car les Turcs ne disent jamais ce qu'ils pensent ».

Voici ces deux lettres (*traduction du grec*) :

« Le colonel Nicole, commandant de Parga
à Soliman Bey, musselim de Margariti.

« *Parga* $\frac{\textit{10 août}}{\textit{29 juillet}}$ *1813.*

« Mon ami, je vous donne l'avis que ce matin de bonne heure, beaucoup de soldats de votre troupe sont entrés dans nos

Ce n'était là qu'une première escarmouche. Si elle avait réussi elle pouvait mettre le Pacha en possession d'Aja: devant l'insuccès de ses officiers, Ali les désavoua en déclarant qu'ils avaient agi sans ordres. La petite garnison de Parga n'en restait pas moins sur le qui-vive.

terres, qui ont fait feu contre les hommes qui faisaient la garde et contre les bergers qui gardent leurs troupeaux. Vous voyez bien que ceci ne va pas bien; car S. M. l'Empereur, mon souverain, est en bonne amitié avec la Sublime-Porte et avec S. A. le vizir Ali Pacha.

« Si vous désirez conserver une bonne amitié comme doit être entre les bons voisins, vous devez rappeler vos soldats dans vos terres pour empêcher tout malheur et tout inconvénient; car pour moi je suis toujours attaché à votre amitié, mais je ne permettrai pas à aucun de mes hommes d'entrer dans vos terres. »

« Soliman Bey Coza
au colonel Nicole, commandant de Parga.

« *Margariti* $\frac{\textit{10 août}}{\textit{29 juillet}}$ *1813.*

« Mon ami, je vous salue et je vous donne l'avis que j'ai reçu votre lettre et que j'ai bien compris tout ce que vous m'avez écrit; mes hommes m'ont rapporté que de vos gens sont entrés dans nos terres; malgré cela, j'ai donné des ordres afin que mes gens se retirent dans nos terres.

« Nos gouvernements sont sans doute en bonne amitié et Ali Vizir est très bien avec votre gouvernement. Nous autres avons des ordres pour empêcher la moindre chose qui puisse troubler la bonne harmonie entre nous et les habitants de Parga. Cependant si l'affaire que vous m'avez rapportée est arrivée, certainement cette affaire a été provoquée par des voleurs dans la nuit. Je pense que les Souliotes, d'accord avec les Ajotes, font tout le mal, mais, ayant donné des ordres sur cela, j'espère qu'il n'arrivera aucune chose désagréable. Je vous assure de cela. Je donnerai des ordres positifs et je vous prie de faire autant afin de conserver la bonne harmonie entre nous. »

La nouvelle des revers des armées françaises en Russie et en Allemagne s'étant répandue en Albanie, Ali en avait tiré la conviction que désormais la France n'était plus en état de s'opposer à ses projets ; il jugea le moment venu de réaliser son rêve. Décidé à se passer des Anglais pour obtenir Parga et au besoin à s'en emparer malgré eux, il n'hésita plus à rompre ouvertement avec le Sultan. De Constantinople, où de grands préparatifs étaient faits contre les Serbes, on continuait à le sommer de se rendre à l'armée : il mit à sa coopération une condition que la Porte jugea inacceptable. N'ayant pu se faire ainsi nommer gouverneur général de toute la Roumélie[1], Ali déclara que « les intérêts du Sultan n'étaient plus les siens »[2], et il se prépara à la résistance ; il fit transporter ses femmes et ses trésors dans le nouveau palais d'Argyrocastro, où il se retira lui-même, après avoir montré à l'Épire le cas qu'il faisait des ordres de son souverain.

1. A. E. *Turquie* 228, f. 62.
2. Latour-Maubourg à Maret, 10 septembre 1813. A. E. *Turquie*, 228, f. 222.

Depuis la chute de Vallona et la prise de Gardichi, Ali tenait à Janina le pacha de Bérat et sa famille, Demir Dost et les dix-sept beys qui avaient si vaillamment combattu avec lui aux côtés de Soliman Coca, le pacha de Delvino et deux de ses fils. Le troisième fils de Mustapha, Sefer Bey, avait réussi à passer à Corfou où il s'était mis, avec les fils de Melek Aga, sous la protection du général Donzelot. Par des firmans répétés, la Porte avait ordonné à Ali de rendre la liberté à ses prisonniers ; il s'y était refusé. Il avait d'abord reçu dans son palais ces beys albanais, étonnés de sa générosité ; mais il n'avait pas tardé à les traiter moins humainement ; le bruit de leur mort s'était à plusieurs reprises répandu : ils restaient soumis en réalité au sort le plus misérable. Enfermé dans un cachot obscur, le vieux pacha de Bérat avait été séparé de sa femme, qu'une de ses filles, la veuve d'Aden Bey, gardait dans son château de Libochovo, sous la surveillance de Khaïnitza, la cruelle sœur d'Ali de Tépelen. Le pacha de Delvino mourait lentement de faim dans la cellule du couvent où il était muré et où l'air ne lui parvenait que par le trou qui servait à son gardien albanais à lui jeter chaque jour un pain de maïs. Dans un autre couvent, occupé par les soldats d'Ali, ses fils étaient emprisonnés, et les souffrances des malheureuses victimes du Pacha excitaient la pitié de ses nombreux hôtes anglais, dont la visite aux petits monastères si pittoresquement situés dans l'île du lac, en face du vieux Palais du *Castro,* était une des promenades favorites. Mais si étroitement surveillés qu'ils fussent, ces représentants des plus anciennes familles de l'Albanie restaient, par l'intérêt qu'ils inspiraient, un danger pour le Pacha de Janina : il craignait que la Porte ne fût tentée de se servir d'eux contre lui, et en effet il apprenait un jour que Mustapha Pacha, quoique prisonnier, était investi de nouveau du pachalik de Delvino. Cette grâce du Sultan fut, pour celui qui en était l'objet, un arrêt de mort. Pour bien montrer qu'il ne gardait plus aucun ménagement envers la Porte, Ali décida du sort de ses prisonniers.

Dès le lendemain de son départ pour Argyrocastro, des tziganes, exécuteurs ordinaires des basses œuvres du Pacha, étranglèrent Mustapha de Delvino et enfouirent son cadavre près de la mosquée de Kalo Pacha ; au même moment les dix-sept beys de Gardichi furent mis à mort avec Demir Dost, l'ancien compagnon d'Ali de Tepelen, devenu son ennemi. Il fut plus difficile de venir à bout du Pacha de Bérat : « la noblesse de son origine, ses vertus, ses qualités l'avaient rendu en quelque sorte sacré[1]. » Pas un musulman n'ayant consenti à porter la main sur lui, Tahir Bey, le chef de la police, trouva quelques Albanais chrétiens, des Mirdites, d'après Pouqueville, qui se jetèrent sur Ibrahim, au moment où les gardes d'Ali l'emmenaient dans un des monastères du lac sous prétexte de l'y mettre en sécurité, et l'étranglèrent.

Pour que l'exécution fût complète, Ali aurait voulu se débarrasser aussi des beys réfugiés à Corfou ; mais le général Donzelot qui avait réussi à faire passer en Épire des secours à la femme d'Ibrahim Pacha et à celle de Demir Dost[2]

1. Pouqueville au général Donzelot, 31 août 1813. *Papiers Donzelot.*

2. La femme de Demir Dost était la fille d'Aba effendi, chef de la police de Janina, et la sœur de Tahir effendi qui avait succédé à son père dans ces fonctions.

faisait faire bonne garde autour de ses protégés, et sur son ordre un Albanais, « le sicaire Dessino », qu'Ali avait chargé d'assassiner Sefer Bey, fils de Mustapha de Delvino, était fusillé dans les premiers jours de janvier 1814[1].

En mettant à mort les beys de l'Albanie, Ali avait en quelque sorte déclaré la guerre au Sultan. Kaplan pacha de Croja, Abdallah pacha d'Elbassan, que la Porte considérait comme des rebelles, venaient aussitôt à Janina afin de prendre des dispositions pour une commune défense. Ali était décidé à agir, mais avant de faire marcher ses troupes sur Parga, il essaya d'impressionner par son cynisme Pouqueville comme Donzelot, et, tandis que dans un entretien officiel il réclamait au consul de France l'objet de son rêve : « Je veux Parga ! Θέλω τὴν Πάργαν. Je veux Parga ! Θέλω τὴν Πάργαν[2] ! » il envoyait l'un de ses confidents, Turturi de Calarytès, présenter à Corfou la même exigence. Il n'attendit d'ailleurs pas la réponse du gouverneur général.

1. Andréossy au général Donzelot, 16 janvier 1814. *Papiers Donzelot.*
2. Pouqueville, *Régénération de la Grèce*, I, p. 421.

A Parga, la situation du colonel Nicole Papas Oglou était désespérée. Sans munitions, presque sans troupes, menacé par plus de dix mille Albanais, il avait dû abandonner Aja. Il implorait le secours du général Donzelot.

L'attitude de ses compagnies albanaises le préoccupait beaucoup : « Ils n'ont point de subordination, écrivait-il, et ne veulent pas faire leur service. Cette mauvaise volonté prouve de mauvaises intentions. Les agents du vizir cherchent à les séduire par l'appât de l'or : les Albanais de Paxo cherchent également à les faire déserter pour entrer au service anglais et je crains que toutes ces intrigues n'apportent des suites fâcheuses. »

Malgré tout, Nicole n'avait pas perdu courage. Le 3 mars 1814, il avait soutenu une véritable bataille contre les troupes du vizir ; il était parvenu à les maintenir à quelque distance de la forteresse ; mais une longue résistance lui paraissait difficile s'il ne recevait pas de renforts. La situation s'était en effet aggravée. S'il ne s'était agi que de défendre le fort, quelques canonniers français et le détachement du 7e régiment italien pouvaient suffire. Mais il fallait protéger les biens et les habitations des Parganiotes, il fallait surtout contenir et réconforter les populations de Parga, d'Aja, de Rapesa, qui s'étaient réfugiées dans la forteresse. La résistance devenait presque impossible ; l'indiscipline des compagnies albanaises, l'état de panique des habitants réfugiés faisaient craindre au colonel qu'un soulèvement ne se produisît.

Ses craintes étaient fondées. Découragés, sentant qu'aucun secours ne leur viendrait de Corfou, les Parganiotes résolurent, pour ne pas tomber au pouvoir du pacha de Janina, leur implacable ennemi, de se livrer aux Anglais.

Une députation des habitants de Parga partit secrètement pour Paxo, que les Anglais venaient d'occuper. Après quelques jours de pourparlers, le général Campbell, qui avait remplacé le marquis d'Ayret dans le commandement des forces anglaises des îles Ioniennes, s'engagea à prendre Parga sous la protection de la Grande-Bretagne. Les frégates *la Bacchante* et *la Savannah,* ayant mouillé le 17 mars 1814 devant le fort, sommèrent Nicole de se rendre. Le colonel des chasseurs d'Orient montra, par sa réponse, qu'il était toujours digne de l'estime que lui avaient témoignée ses anciens chefs de l'armée d'Égypte. Il menaça de se faire sauter avec la citadelle.

Devant cette fière attitude, les Anglais hésitèrent ; ils demandèrent aux habitants de s'emparer eux-mêmes de la citadelle, se réservant d'intervenir après que le drapeau anglais aurait remplacé le drapeau français.

Il ne restait alors aux Parganiotes qu'à trahir la poignée de braves gens qui depuis si longtemps se dévouaient pour les protéger. Le 22 mars 1814, ils firent entrer dans le fort une femme qui tenait un pavillon britannique caché sous ses vêtements. Ce fut le signal de la rébellion. La petite garnison surprise, dispersée au milieu d'une population hostile, ne put se rallier ; et le drapeau anglais fut arboré sur le haut du château au moment même où les Parganiotes massacraient leur compatriote Giorgio Veja qui, sur l'ordre du colonel Nicole, allait mettre le feu aux poudres.

De la *Bacchante* débarquèrent, avec un fort détachement, le major sir Charles Gordon, Foresti, résident britannique à la cour d'Ali

Pacha, et le capitaine Angelo, aide de camp du général Campbell. Ils accordèrent à la petite garnison une capitulation honorable[1] et prirent aussitôt possession de la place.

Ali voyait ainsi, une fois de plus, son rêve s'évanouir : Parga, qu'il avait cru enfin tenir, lui échappait ; il en conçut un si violent désespoir que les Anglais résidant sur son territoire purent un instant craindre les effets de son ressentiment et se montrèrent prêts à accepter, en cas de besoin, l'asile que Pouqueville leur offrait généreusement au consulat de France. Dans son désir de tirer une prompte vengeance de l'Angleterre et des Parganiotes, le Pacha envoyait ses émissaires faire à Corfou de nouvelles propositions ; mais les circonstances avaient imposé à la France l'obligation de se désintéresser des affaires albanaises. Le général Donzelot avait, après l'abdication de

1. Le défenseur de Parga fut avec les quelques soldats français et italiens qui lui étaient restés fidèles, ramené, par les soins des autorités anglaises, à Corfou. Il reprit sa place dans l'état-major du général Donzelot et s'embarqua avec lui pour Toulon après la remise de l'île, le 23 juin 1814, aux commissaires des puissances alliées. Voir A. Boppe, *le Colonel Nicole Papas Oglou et le bataillon des Chasseurs d'Orient*.

l'Empereur, remis les îles Ioniennes entre les mains des commissaires des Puissances alliées et s'était embarqué avec ses troupes pour Toulon. Pouqueville, de son côté, avait été rappelé de Janina par le gouvernement royal. Ali Pacha n'avait plus, dès lors, en face de lui, pour en faire le jouet de ses combinaisons politiques, que l'Angleterre et le Sultan.

Parga fut le prix de ces intrigues; le Pacha de Janina la posséda enfin[1]; mais, ainsi que Latour-Maubourg le prévoyait déjà le 30 janvier 1811, en écrivant au général Donzelot, « tôt ou tard, le Sultan et la France devaient

1. Le triste sort auquel les Parganiotes furent réduits sous la domination du Pacha de Janina excita vivement la compassion de l'opinion publique. Pour mieux l'émouvoir, certains écrivains cherchèrent alors à rejeter sur le colonel Nicole la responsabilité de la trahison de 1814. Les récits de Pouqueville, d'Ibrahim-Manzour Effendi ont fait justice de ces allégations.

Parmi les nombreux ouvrages auxquels l'affaire de Parga a donné lieu quelques années plus tard, voir *Parga and the Ionian Islands*, 2e éd., par le Cel C. T. de Bosset, in-8°, 1822. — *Notice sur Parga et Ali Pacha*, tirée de la *Revue encyclopédique*, 1820. — *Mémoires sur la Grèce et l'Albanie pendant le gouvernement d'Ali Pacha*, par Ibrahim-Mansour Effendi. Paris, 1827, p. 87, 205 et suiv. — Pouqueville : *Mémoires sur la régénération de la Grèce*. — Hughes, *Voyage à Janina*, I, p. 218-228. — G. Isambert, *l'Indépendance grecque et l'Europe*, Paris, 1900, in-8°.

avoir justice de cet homme. » Parga, pour laquelle il avait tour à tour trahi les Turcs, les Français et les Anglais, lui valut d'être abandonné par les Grecs au moment où il comptait sur leur concours dans sa révolte dernière contre la Porte ottomane.

APPENDICE

LE RÉGIMENT ALBANAIS (1807-1814)

Le régiment albanais que le colonel Minot essaya, sous la direction du général Donzelot, d'organiser dans les îles Ioniennes ne mériterait pas de retenir l'attention s'il n'avait compté dans ses rangs la plupart des héros de l'indépendance grecque. Certes, les Botzaris, les Fotto Tzavella, ces chefs d'Armatoles et ces Palikares dont les noms sont devenus si célèbres, n'ont joué qu'un bien modeste rôle sous les drapeaux de la France. Guerriers dont le courage était égal à l'indiscipline, ils ne parurent que de médiocres soldats ; leur fidélité fut même soupçonnée. Mais n'étaient-ils pas excusables? Les Russes et les Anglais, les agents du Sultan et ceux du Pacha de Janina cherchaient tour à tour à les corrompre, et le gouverneur général des îles Ioniennes n'avait pas assez d'argent pour les retenir.

Que seraient devenus les Albanais si les projets formés avec une si entière connaissance du caractère oriental par Donzelot et par Minot avaient pu se réaliser, si la garde albanaise qu'ils avaient un instant rêvé de donner à l'Empereur avait été constituée?

Quel qu'ait été le sort de ces projets, il est permis de croire que les leçons apprises sous nos drapeaux n'ont pas été oubliées par quelques-uns des héros de la Grèce, et c'est à ce titre qu'il nous a paru curieux de retracer rapidement l'histoire du régiment albanais.

I

En prenant possession des îles Ioniennes que le traité de Tilsitt avait données à la France, le général César Berthier y avait trouvé quelques milliers d'Albanais que les commissaires impériaux de Russie lui avaient recommandés spécialement. Chassés de leur patrie, après bien des années de luttes sanglantes, par le Pacha de Janina, ces Albanais s'étaient refugiés sous la protection des Russes à Corfou et dans les îles voisines; leurs petites colonies avaient reçu une sorte d'organisation militaire, mais, en réalité, sous le nom pompeux de *Chasseurs de montagne,* elles ne formaient guère que des dépôts de réfugiés. Le départ des autorités russes aurait laissé ces malheureuses populations dans la plus affreuse misère si la France n'avait consenti à assurer leur existence. Il eût été inhumain de les abandonner. Généreusement, Berthier accueillit la proposition du commissaire russe et déclara que l'Empereur prendrait à sa solde les Albanais qui étaient au service du tzar et dont le comte Mocenigo lui remit un état détaillé.

L'adjudant commandant Forestier et M. Bourbaki, agent du gouverneur général, furent chargés de parcourir les îles pour faire connaître cette décision et aviser les Albanais qu'en attendant l'organisation définitive qui leur serait donnée, ils continueraient (et c'était là pour eux le point essentiel) à être payés comme par le passé.

Par une lettre du 6 septembre 1807, César Berthier informa l'Empereur des dispositions qu'il venait de prendre :

> Me trouvant avec peu de troupes, ignorant l'époque à laquelle je pourrais recevoir des renforts, considérant que ces hommes, bien sûrs d'avoir la tête tranchée s'ils rentraient dans la terre ferme, se trouvant en assez grand nombre répartis dans toutes les îles, pourraient y devenir très dangereux s'ils étaient abandonnés, étant déjà même travaillés par les agens d'Angleterre, j'ai cru ne pas devoir éviter, vu les circonstances, de les prendre provisoirement au service de France, quoique mes instructions ne me donnassent pas cette latitude. J'en changerai la répartition, et leur solde sera assurée pour un mois par les îles mêmes où ils se trouvent, et je ne doute pas que dans tous événemens je ne puisse en tirer un bon parti en leur donnant surtout un chef français.

Séduit par l'allure martiale des Albanais, confiant en leurs protestations de dévouement, renouvelées chaque jour par des députations différentes, César Berthier se félicitait de sa résolution. Il formait aussitôt pour sa garde particulière une compagnie d'élite, il en offrait une autre au roi de Naples « tout habillée et armée de leurs armes qui sont très belles », il décidait enfin que « deux compagnies albanaises seraient attachées à chaque régiment français pour faire le service de tirailleurs et de chasseurs de montagne[1]. »

César Berthier montrait ainsi qu'il entendait traiter les Albanais en soldats réguliers. Il ne tarda pas à comprendre son erreur. La mission confiée à l'adjudant commandant Forestier et à Bourbaki avait excité un grand mécontentement parmi les Albanais, peu accoutumés jusqu'alors aux inspections et aux revues. Répartis suivant leurs convenances dans les îles ou sur quelques points de la côte, ils s'étonnaient que l'on songeât à modifier leurs groupements. Le jour où Berthier annonça qu'il confiait le commandement supérieur des Albanais à l'un des chefs les plus connus, le grec Christaki, des mutineries éclatèrent en plusieurs endroits. Il fallait bien peu connaître le caractère et les mœurs de ces populations pour leur imposer un chef de race grecque ou pour réunir sous un même commandement indigène des clans différents habitués à n'obéir qu'à leur chef particulier.

1. Organisation provisoire du gouvernement septinsulaire, 1er septembre 1807. Arch. nat., reg. F 88320.

César Berthier voulut cependant les « forcer à l'obéissance et leur faire reconnaître le chef qu'il leur avait donné ». Il envoya auprès des mutins l'un de ses aides de camp, M. des Estangs[1], qui était muni des instructions les plus rigoureuses et devait leur donner connaissance de la proclamation suivante :

14 octobre 1807[2].

PROCLAMATION AUX ALBANAIS.

Albanais,

A l'arrivée des troupes françaises dans ces isles, j'ai trouvé votre corps formé et payé par l'Empereur des Russies. Je n'avais pas besoin de vous pour défendre les isles qui me sont confiées. C'est par l'intérêt que mon souverain prend aux Grecs et par humanité pour vos familles proscrites du continent que je vous ai conservés. J'exige, en conséquence, de vous obéissance et confiance. C'est avec étonnement que j'apprends que quelques-uns d'entre vous, mal conseillés par les partisans des Anglais, refusent de reconnaître le chef de votre nation, qu'il m'a plu de vous donner. Comme je ne puis transiger avec le bien du service, j'envoie à

1. Pierre-François-Prosper des Estangs, né à Nexon le 13 janvier 1771, avait servi sous Charette en Vendée; après l'amnistie, il était entré comme lieutenant au régiment de la Tour d'Auvergne en 1806. Aide de camp de César Berthier, 1er août 1807, il passa en 1808 comme capitaine à l'escadron des chasseurs grecs à cheval.

2. Arch. nat., reg. 88319, fol. 96.

Sainte-Maure un de mes aides de camp, avec ordre de faire arrêter tous les Albanais qui refuseront d'obéir au commandant Cristiachi. Ils seront envoyés sous sûre et bonne garde à Corfou pour y rester en prison jusqu'à nouvel ordre. Le commandant Cristiachi organisera son bataillon comme bon lui semblera. Mon aide de camp en passera la revue. Il leur dira que je n'abandonnerai pas les Albanais fidèles à leur devoir et soumis aux ordres qu'ils recevront; mais que tous ceux qui chercheront à troubler la tranquillité seront arrêtés et renvoyés en terre ferme sans solde.

Le commandant de la place tiendra la main à l'exécution rigoureuse de mes dispositions, et employera pour cela toutes les forces qui sont en son pouvoir. Autant je chercherai à faire le bien des Albanais fidèles et soumis au gouvernement, autant je serai sévère contre les intrigants et les mauvaises têtes.

Cependant, l'Empereur, ayant accepté de prendre les Albanais à sa solde[1], avait donné au Ministre de la Guerre l'ordre de désigner un officier capable de commander le corps qui allait être organisé[2].

Les bureaux du Ministère proposèrent aussitôt un candidat : c'était l'ancien chef de la 82e demi-brigade, Pinoteau, qui, destitué en l'an X pour avoir participé à la composition de libelles

1. Lettres de Clarke à César Berthier des 10 et 16 octobre 1807. Arch. nat., liasse F 88310.

2. Voir le dossier qui se rapporte à cette nomination au Ministère de la Guerre. Arch. historiques.

contre le Premier Consul, avait été en 1805 nommé à la Martinique. Les difficultés de la traversée avaient empêché cet officier de quitter Paris. « S. M. ayant approuvé que M. Pinoteau fût employé dans les colonies d'Amérique, ce serait, dit-on, entrer dans ses vues que de lui proposer cet officier pour le commandement d'un corps d'Albanais stationné aux Sept-Iles. »

Cette proposition ne parut pas sérieuse au ministre qui, après avoir arrêté un instant son choix sur un ancien officier de chevau-légers, *M. de Bruges, chef de bataillon au régiment* d'Isenbourg, désigna le major Merle, de l'infanterie de ligne.

Mais l'Empereur exigeait que l'officier choisi eût fait partie de l'expédition d'Égypte. On songea à l'ancien chef de brigade Barthélemy ; ce fut enfin sur le major Minot, du 84e régiment de ligne, que le choix tomba.

Le Ministre l'en informait, le 30 novembre 1807, par la lettre suivante :

Monsieur,

Je vous annonce avec satisfaction que S. M. vous a nommé, par décret du 15 de ce mois, à l'emploi de colonel commandant un corps d'Albanais stationné aux

Sept-Isles. Vous voudrez bien faire vos dispositions pour vous rendre incessamment à l'isle de Corfou. Arrivé dans cette isle, vous vous présenterez au général de division gouverneur général des isles Ioniennes, qui vous fera recevoir et reconnaître en votre nouvelle qualité. Je vous invite à m'accuser la réception de cette lettre et à m'instruire du jour de votre départ.

Post-scriptum (écrit de la main du ministre). — Le choix que S. M. l'Empereur a fait de vous, Monsieur, pour commander les Albanais, est une preuve très particulière de la confiance de S. M. dans votre zèle. Ce commandement est difficile et demande de l'habileté, de la douceur et de la fermeté tout ensemble. Le but, c'est de maintenir les Albanais, étrangers à nos mœurs et à nos manières, dans un esprit convenable pour le gouvernement et d'attachement à la personne de l'Empereur. Il faut pour cela de grands soins : témoigner de l'estime à ceux que vous commanderez ; veiller à leurs besoins ; les traiter en père ; leur faire aimer leurs devoirs et leur donner l'esprit qui anime nos propres troupes. Je donnerai beaucoup d'attention à la manière dont vous conduirez ce corps et j'en rendrai souvent compte à l'Empereur. Je compte beaucoup, Monsieur, sur votre désir de le bien servir.

Né à Tallud (Deux-Sèvres), le 29 mars 1772, Jean-Louis-Toussaint Minot[1], après avoir été employé quelque temps dans l'administration des ponts et chaussées, s'était engagé comme

1. Dossier Minot: M. G., arch. administratives. Voir aussi sur Minot le *Dictionnaire des parlementaires français*, 1889, t. IV, p. 377.

volontaire au bataillon des Deux-Sèvres le 15 août 1791. Dès 1793, il avait été nommé capitaine, à la suite du siège de Valenciennes où il avait reçu une grave blessure à la tête. Le bataillon des Deux-Sèvres, devenu successivement 112ᵉ demi-brigade, puis 88ᵉ de ligne, suivit Bonaparte en Italie et en Égypte. Minot se distingua particulièrement pendant cette dernière campagne : deux blessures graves lui valurent le grade de chef de bataillon. Nommé, à son retour en France, major au 84ᵉ régiment de ligne, il était avec son régiment à Cividal quand sa destination nouvelle lui fut notifiée.

II

A son arrivée à Corfou, le colonel Minot trouva l'opinion bien mal disposée à l'égard de son nouveau régiment. Le gouverneur avait vainement essayé de donner aux Albanais une organisation régulière.

Il avait, par un arrêté du 25 décembre 1807, institué sous le nom de *Régiment albanais*, un corps qui comprenait trois bataillons de neuf compagnies. Avec un état-major de 14 officiers, l'effectif de ce corps était de 3 254 hommes.

Par un autre arrêté, en date du 10 mars 1808, il avait formé huit compagnies grecques, dont trois d'élite, sous le commandement d'un chef de bataillon, avec un effectif de 951 hommes.

Mais quelle influence pourraient avoir ces décrets sur les Albanais ?

Il n'existe parmi eux, lit-on dans les rapports de César Berthier, ni ordre ni discipline ; ils n'ont aucune idée du service ni d'une organisation militaire ; on ne peut jamais compter sur un nombre fixe parce qu'ils se retirent à volonté pour peu qu'ils en aient l'envie... ; ne voulant pas de vivres, ils sont payés en argent et ils doivent l'être régulièrement pour éviter les mécontentements ; toutes les dépenses nécessaires pour leur entretien sont comprises dans leur solde journalière qui est d'environ une piastre turque par homme.

Habillés à l'albanaise [1], malpropres à l'excès, très mal

1. Le général de Richemont, qui connut les Albanais pendant la première occupation des îles Ioniennes, donne de leur costume une description que nous croyons devoir reproduire ici. Les mémoires de Richemont, qui n'ont été imprimés que pour sa famille (Moulins, 1858, in-8°), sont en effet fort rares :

« Le costume des Albanais ou Arnaoutes est à peu près celui des insulaires de la Grèce : la tête rasée autour du front, des tempes et de la nuque, ne laissant qu'un large disque de cheveux longs qui retombent par derrière et qui sont couverts, leur sommet, par un petit fez, couleur pourpre, avec broderies en petits galons et une houppe en or ou en soie ; des

armés, ils ne renonceraient par pour beaucoup à leurs armes, ce qui les rend en campagne de très mauvaises troupes, ne pouvant ajuster leurs fusils qu'en les appuyant sur un objet quelconque. Le seul moyen d'en

guêtres en velours écarlate ou bleu de ciel, également galonnées et montant à la naissance du genou. Le pied est renfermé dans une chaussure semblable à celle des montagnards espagnols, mais plus élégamment tressée et s'adaptant au bas de la jambe comme le cothurne romain. Une chemise de forte toile blanche ou plutôt une tunique recouvre un caleçon et tombe comme une large jupe au-dessous des genoux ; par-dessus cette tunique, une veste courte et ronde, en velours de même couleur que celui des guêtres, avec tresse en or, serre et dessine la taille ; ses manches, ouvertes jusqu'au coude, se rattachent par une multitude de petits boutons de métal brillant et sont garnies de tresses d'or, des poignets aux coudes. Une longue ceinture en soie ou laine de couleur éclatante, avec coulants en or, s'enroule autour des reins par-dessus la tunique ; cette ceinture soutient deux longs pistolets dont le canon et la crosse sont recouverts par une garniture en argent. Le chef se distingue particulièrement par deux rangées de boutons d'argent, de la grosseur d'un œuf de dinde, qui sont montés sur une étroite bande de maroquin, laquelle passe par-dessus le cou et retombe en double par-devant jusqu'à la ceinture ; ces boutons sont creux et s'ouvrent comme autant de cassolettes. Un long fusil albanais et un sabre recourbé complètent l'armement.

« La pièce la plus importante et la plus utile de ce costume est un gros et pesant caban, tissu en poil de chèvre imperméable à la pluie ; il se porte sur l'épaule gauche et c'est une honte que de le perdre ou de l'abandonner dans un combat. Au bivouac, il met son homme à l'abri du froid, de la neige et de la pluie ; chaque soldat rassemble et forme un tas d'épines ou de fagots ; il se place par-dessus et s'accroupit sous son caban comme sous une tente de feutre ; l'eau peut tomber à torrents, elle coule sous les fagots sans atteindre l'homme. »

tirer parti serait de leur donner des retranchements à défendre... Peut-être dans la guerre contre les Turcs rendront-ils quelques services, parce que, leurs ennemis se servant des mêmes armes qu'eux, ils n'auraient pas le désavantage qu'ils auraient nécessairement vis-à-vis des autres nations européennes dont les armes ont une grande supériorité sur les leurs et par leur construction et par la manière dont ils s'en servent...

Je crois cependant qu'avec du temps et de la peine, on pourrait en tirer un meilleur parti, car malgré l'avilissement extrême où la tyrannie ottomane a réduit ces peuples jadis si célèbres, il leur reste encore une certaine fierté, unique héritage de leurs ancêtres, dont ils n'ont qu'une idée très confuse[1].

Le colonel Minot se mit résolument à l'œuvre. Ses instructions étaient formelles : il devait rallier les Albanais et les amener à concourir à la défense des îles. L'Empereur, en effet, ne voulait voir employer à Zante, à Céphalonie, à Sainte-Maure que quelques officiers français avec des troupes du pays, des Albanais, mais « pas un soldat de ligne français, italien ou napolitain[2] ».

Une circonstance heureuse vint aider Minot dans sa tâche ; un de ses anciens compagnons de l'expédition d'Égypte remplaça César Ber-

1. Rapport de décembre 1807. M. G., Arch. hist., Corresp. *Naples et îles Ioniennes*.

2. Lettre au général Berthier, 16 octobre 1807.

thier à la tête du gouvernement général des îles Ioniennes. Il n'était pas possible de confier à des mains plus habiles ce poste si délicat. Partout où il était passé, le général Donzelot avait montré les plus remarquables qualités d'officier et d'administrateur. Il se distingua surtout à Corfou, et il est regrettable que l'histoire de son gouvernement n'ait pas encore été étudiée avec le soin qu'elle mérite.

Recruter un régiment parmi les Albanais était une chose facile. En tout temps la cour de Naples en avait eu à sa solde et il avait été question de reconstituer pour le roi Joseph le *Royal macédonien*[1]. Les Anglais, dès l'arrivée de leurs escadres dans les îles ne manquèrent pas de lever un corps de troupes indigènes, composé principalement de Grecs de Morée[2].

1. Lettre de Pouqueville au Ministre de la Guerre, 1er juillet 1806.

2. Ce bataillon grec était commandé par sir Richard Church, aidé par un certain nombre d'officiers et de sous-officiers du *Royal-Corse*. Il portait comme uniforme le costume national hellène auquel les Anglais avaient ajouté « un casque grec sur le modèle antique ». Sur les Grecs au service de l'Angleterre, voir les curieux mémoires de Colocotroni, publiés à Londres en 1892, avec une préface de M. Gennadios, sous le titre: *Kolokotronès. The Klepth and the Warrior. Sixty years of peril and daring. An autobiography.*

L'œuvre du colonel Minot était toute différente. Il ne s'agissait plus de choisir au milieu d'une population guerrière des volontaires d'élite pour en former un régiment; il fallait tirer parti des familles albanaises et grecques que la cruauté du pacha de Janina avait contraintes à chercher un refuge à Corfou, et donner à ces bandes d'émigrés, composées des éléments les plus divers, une organisation régulière.

Afin d'éviter les erreurs de César Berthier, le colonel Minot résolut, avant de prendre aucune mesure à l'égard des Albanais, de faire, de concert avec le nouveau gouverneur, une étude attentive de leur situation.

Chaque groupe fut examiné en détail; on rechercha son origine, les conditions dans lesquelles il avait émigré, ses moyens d'existence; on passa en revue tous les chefs : il fallait en effet se rendre compte de leurs qualités personnelles, de leur influence sur leurs compatriotes, de leurs sentiments à l'égard de la France, de leurs relations avec les Russes, avec les agents anglais, enfin de leurs rapports avec le pacha de Janina et avec les différents chefs de la terre ferme.

Les Souliotes formaient la plus grande partie des réfugiés. On pouvait compter sur ce petit peuple, naturellement brave et habitué par vingt années de guerre aux fatigues et aux plus grandes privations.

Lors de la première occupation des îles vénitiennes par la France, ils avaient prêté leur concours à nos troupes et avaient vaillamment combattu à leurs côtés à Preveza et à Nicopolis. Deux chefs les dirigeaient, deux héros, Botzaris et Fotto Tzavella[1]. Au cours de leurs longues guerres, tous deux s'étaient brouillés ; ils s'accusaient réciproquement d'avoir trahi les intérêts communs et

1. Le colonel Minot les notait ainsi dans un de ses rapports :

« *Botzaris,* originaire de Sully, 45 ans. Ce chef ne servait point sous les Russes ; il a entre les mains d'Ali Pacha vingt-deux personnes de sa famille ; il est peu civilisé, il a de l'esprit naturel et une grande réputation de bravoure ; il jouissait d'une fortune considérable dont il a été privé par Ali Pacha.

« *Fotto Tzavella,* originaire de Sully, 38 à 40 ans. D'une bravoure renommée, servait sous les Russes. Toute sa famille est retirée dans les îles. Les Souliotes ont pour ce chef beaucoup de vénération ; sa physionomie inspire la confiance ; il est plus civilisé que ses compatriotes. En cas de guerre en terre ferme, il pourrait rendre de grands services. Les Turcs d'Ali Pacha le connaissent et le craignent. »

d'avoir causé la ruine de leur patrie. « On pourra, disait Minot, profiter de cette rivalité : le service ne pourra qu'y gagner. » Il comptait, en donnant à chacun d'eux le commandement d'un bataillon, mettre sous leurs ordres les capitaines qui leur étaient dévoués.

C'étaient les chefs de clans Fotto Maro, Tussa Zervas[1], le major Perrevo[2], Georgio Dracco, Yotti Dangli, puis Pano Succo, « dont l'oncle, vieux soldat albanais, a la plus grande réputation de bravoure » ; Nastutti Panorama, « connu comme l'un des plus braves Souliotes, qui eut quatre frères tués pendant les guerres contre le vizir » ; Chizzo Palasca et Chizzo Pasco, « les plus fidèles compagnons de Fotto Tzavella, couverts tous deux des blessures qu'ils avaient reçues à ses côtés » ; et Nassi Grammatico, « dont la tête est mise à prix vingt bourses par Ali Pacha » ; et le beau Lambro Veico, « fils de Veico Zarba, connu dans toute la Grèce par son courage » ; et les Carabiny, et parmi eux

1. « La réputation de leurs pères, qui ont été tués en défendant leur patrie, rejaillit sur eux et leur donne de la considération. » (*Notes du colonel Minot.*)

2. Le major Christophore Perrevo est l'auteur d'une *Histoire de Sulli et de Parga* parue en grec à Athènes en 1857.

Veglio, « un des premiers braves, mais dont la misère a fait un homme sauvage[1]. »

L'examen de Donzelot et du colonel Minot se porta ensuite sur un certain nombre d'Albanais et de Grecs qui, comme les Souliotes, avaient été, après de longues et sanglantes luttes, chassés de leur territoire par Ali Pacha. Ces réfugiés venaient des régions les plus diverses ; les uns de la Morée, d'autres du canton de Paramythia, d'autres de Vuno et de Parga, d'autres encore du canton de Chamouri. Quelques-uns étaient célèbres par leurs exploits. C'étaient le chef d'Amartoles Apostoli Levendachi, de Preveza, et son neveu Anastasi Carasezzi, « bel homme de guerre, servant bien, d'un caractère doux et tranquille, et prêt à faire tout ce qu'on pourrait désirer » ; c'étaient encore Ciacco de Vuno, Callogero Zami de Paramythia, « couvert de blessures et qui ne connaissait que son sabre et son fusil », puis le clan des Ducca de Nivizza, « peu civilisés,

1. Pouqueville, dans son *Histoire de la Régénération de la Grèce,* mentionne souvent le nom de ces Palikares; voir notamment sur *Perrevo,* II, p. 312, *Botzaris,* I, p. 211, II, p. 92 ; *Touza Zerva* et *Fotto Mara,* IV, p. 8 ; *Fotto Tzavella et sa famille,* passim.

mais pleins de zèle », celui des Dracco de Licureci.

Tous ces capitaines et leurs partisans furent répartis sous le commandement des plus connus d'entre eux : le Spartiate Anagnosti Pappagiorgis ; Christo Calojero, l'ancien chef du détachement albanais envoyé par les Russes au secours du roi Ferdinand de Sicile en 1805 et qui, depuis cette époque, portait une médaille d'honneur que lui avait conférée le Tsar ; *Andruzzi et Christaki Calojero*.

Ce dernier avait déjà une longue histoire. Originaire de Preveza, capitaine d'Armatoles au service de Venise, il avait été, à la suite de nombreuses incursions sur les terres du pacha de Janina, dépouillé de ses biens et avait dû se réfugier chez les Souliotes. Avec eux, il vint se mettre à la disposition des autorités françaises de Corfou quand éclatèrent nos premières hostilités avec Ali Pacha. Bellaire et Richemont ont raconté l'entrevue qu'il eut alors avec le général Chabot[1]. « Il y vint chargé d'armes

1. J. P. Bellaire, *Précis des opérations générales de la division française du Levant pendant les années V, VI et VII*. Paris, 1805, in-8°. — Richemont, *Mémoires*, p. 155 et suiv.

brillantes et couvert d'une cuirasse d'or. Il était suivi d'une escorte nombreuse, composée de capitaines souliotes armés et vêtus presque aussi richement que lui... C'était un homme de haute stature, de bonne mine et d'une figure mâle et expressive, qui ne manquait pas de dignité. Comme nos anciens chevaliers à la tête de leurs hommes d'armes, il se faisait accompagner, quand il allait et marchait seul, par son écuyer, qui portait ses armes et quelques insignes de son autorité. » Malheureusement, il montra par sa conduite à Nicopolis qu'il n'était pas digne du brevet de capitaine qui lui avait été accordé. Après la capitulation de Corfou, Christaki prit du service dans les troupes du gouvernement septinsulaire. C'est là que le trouva César Berthier ; il fut, comme plus tard Donzelot et Minot, séduit par la grande allure de ce palikare. Seul, parmi tous ces réfugiés, Cristaki avait conservé quelque fortune ; il parlait l'italien ; il exerçait une réelle influence ; son charme personnel triompha des préventions que sa conduite antérieure aurait dû faire naître. « J'ai reçu sur son compte, disait le colonel Minot, différentes notes qui auraient pu le rendre suspect. Je les attribue à ses ennemis. »

Tout autre était Andruzzi, véritable type de l'Albanais loyal et chevaleresque. Chef puissant du canton de Chamouri, Constantin Andruzzi avait d'abord, ainsi qu'il était de tradition dans sa famille, servi à la cour de Naples. Il en était revenu, avec le grade de major, pour défendre son foyer contre Ali Pacha. Forcé de chercher un refuge à Corfou, il s'était mis avec tous les siens sous la protection de la France. Dans la nouvelle organisation, il reçut le commandement d'un bataillon, que sa famille et ses clients composèrent presque uniquement. Constantin Andruzzi serait certainement devenu, sous les ordres du colonel Minot, le véritable chef du régiment albanais, sans les circonstances tragiques qui amenèrent sa fin prématurée.

Les habitants de Parga et d'Aja ayant été organisés en compagnies sous le commandement de leurs primats, il ne restait plus à Donzelot qu'à régler le sort de certains Albanais qui venaient s'enrôler volontairement à Corfou, mais qui, dès que leurs affaires les y rappelaient, s'empressaient de retourner sur le continent. Quelque peu de confiance que l'on pût avoir en de tels auxiliaires, le gouverneur général consentit à les incorporer; il voulait, en effet, ménager ces Albanais qui pouvaient lui être utiles dans ses rapports avec les chefs de la côte.

Ayant ainsi terminé l'examen des divers éléments dont il disposait pour former le régiment albanais, le gouverneur général soumit au Ministre de la Guerre, en septembre 1808, son projet d'organisation[1].

Un décret daté du camp impérial de Schœnbrunn vint ratifier, le 1er juillet 1809, toutes les mesures qui avaient été préparées à Corfou :

ARTICLE 1er. — Les troupes employées dans les îles Ioniennes et composant en ce moment le régiment albanais et les chasseurs à pied grecs seront réunies en un seul corps commandé par le colonel Minot.

ART. 2. — Le corps portera la dénomination de régiment albanais, et sera composé d'un état-major et de six bataillons.

. . . .

1. Rapport du général Donzelot au Ministre de la Guerre, 22 septembre 1808 ; lettres du Ministre à Donzelot, 12 juin 1809 ; de Donzelot au Ministre, 13 juillet 1809.

Art. 11. — L'uniforme du corps sera le même que celui actuel du régiment albanais[1].

Le régiment fut aussitôt organisé; il comprenait alors 160 officiers et 2934 hommes.

1. Nous n'avons trouvé aucun texte qui fixe l'uniforme du régiment albanais. Par une lettre du 2 août 1809, le Ministre demandait au général Donzelot de lui en faire connaître « les couleurs et la forme de chaque partie ». Cet uniforme, qui ne devait guère différer du costume habituel des Albanais, était, si l'on en juge par la lettre suivante, assez coûteux :

LE COLONEL MINOT AU MINISTRE DE LA GUERRE

14 juillet 1809.

« J'ai l'honneur de vous exposer la modicité du traitement des officiers albanais: un sous-lieutenant ne reçoit que quarante francs par mois, sans vivres, ni logement. Votre Excellence connaît l'esprit de ces troupes; il est essentiel de donner aux officiers les moyens de se faire respecter par leurs soldats. Leur costume très riche les porte à de fortes dépenses. J'ai l'honneur de proposer à Votre Excellence de donner aux officiers supérieurs et de l'état-major le même traitement qu'à ceux des troupes françaises, et de répartir parmi les quatre officiers de chaque compagnie albanaise la solde affectée aux trois officiers d'une compagnie française, dans les proportions suivantes, y compris le logement :

Capitaine.	150 fr. par mois.
Lieutenant en 1er. . . .	95 —
Lieutenant en 2e. . . .	80 —
Sous-lieutenant. . . .	70 —
Total. . .	395 fr. par mois.

« Cette mesure me mettra à même d'exiger des officiers une meilleure tenue et plus de fermeté; elle attirera sur eux plus de considération, et le service de Sa Majesté y gagnera essentiellement.

« J'ai l'honneur d'être...

« Minot, *Colonel des Albanais.* »

Cette lettre porte l'annotation suivante : « Il n'y a pas lieu à demander des changements à un décret qui vient d'être rendu sur la proposition du général Donzelot. »

Les six bataillons furent répartis dans les îles :

1er bataillon : Lieutenant-colonel ANDRUZZI. État-major, *Corfou* ; compagnie d'élite, *Merlera* ; 1re compagnie, *Corfou* ; 2e compagnie, *Fano* ; 3e et 4e compagnies, *Parga* ; 5e compagnie, *Paxo*.

2e bataillon : Commandant CHRISTO-CALOJERO. État-major et compagnie d'élite, *Céphalonie* ; 1re compagnie, *Paxo* ; 2e compagnie, *Céphalonie* et *Ithaque* ; 3e compagnie, *Céphalonie* ; 4e compagnie, *Sainte-Maure* ; 5e compagnie, *Céphalonie*.

3e bataillon : Commandant FOTTO-TZAVELLA. État-major, compagnie d'élite, 1re, 2e et 5e compagnies à *Corfou* ; 3e compagnie, *Sainte-Maure* ; 4e compagnie, *Fano*.

4e bataillon : Commandant CHRISTAKI-CALOJERO. L'état-major et les 6 compagnies à *Sainte-Maure*.

5e bataillon : Commandant BOTZARIS. L'état-major et les 6 compagnies à *Corfou*.

6e bataillon : Commandant ANAGNOSTI PAPPAGIORGI. État-major, 1re, 2e, 3e, 4e compagnies, *Zante* ; compagnie d'élite, *Parga* ; 5e compagnie, *Cérigo*.

Pendant que cette organisation s'effectuait, le colonel Minot se rendit à Paris pour rendre compte de la première partie de sa mission ; il se fit accompagner dans ce voyage par l'un des plus brillants officiers du régiment, le capitaine Giorgio Foccas, « très bel homme de guerre et qui avait toute la vigueur des anciens Spartiates, ses ancêtres ». Foccas eut l'honneur d'être présenté au Ministre de la Guerre par son colonel, qui peut-être avait revêtu pour cette occasion le costume albanais qu'il avait l'habitude de porter à Corfou.

III

La première fois que l'on eut besoin de faire appel à leur concours, les Albanais ne se montrèrent pas dignes des efforts que le général Donzelot et le colonel Minot venaient de faire pour les organiser. En octobre 1809, les îles de Zante, de Céphalonie et d'Ithaque furent attaquées par les Anglais; elles n'étaient défendues que par des compagnies albanaises et quelques centaines d'hommes tirés de régiments français ou italiens; ces derniers résistèrent courageusement et ne cédèrent que devant le nombre; les Albanais au contraire passèrent à l'ennemi[1]. A Sainte-Maure, où le

1. A. G. Rapports de Darnal, capitaine au 2e régiment italien, ex-commandant de l'île d'Ithaque, 17 octobre 1809; de Zambelli, ex-administrateur de l'île de Zante, 30 octobre 1809; rapport du général Donzelot sur la capitulation de ces différentes îles, 13 novembre 1809.

général Camus[1] soutint avec honneur un véritable siège, la conduite du contingent albanais ne fut pas meilleure. Sur les 34 officiers et les 789 hommes qui le composaient, tous désertèrent, sauf 13 hommes, qui par mesure de précaution avaient été mis en prison, et le commandant Botzaris qui, soupçonné d'intelligence avec l'ennemi, avait été traduit devant un conseil de guerre, par lequel il fut d'ailleurs acquitté.

Ceux des Albanais qui étaient cantonnés à Corfou et n'avaient pas encore eu l'occasion de voir l'ennemi, protestèrent bruyamment contre la conduite de leurs compatriotes ; ils flétrirent leur désertion dans des adresses indignées qu'ils remirent au général Donzelot[2] en l'assurant de leur dévouement. Ils avaient d'ailleurs de bonnes raisons pour rester fidèles. Les trans-

1. Louis Camus, baron de Moulignon, né le 16 mars 1760 à Châlons, grenadier au régiment d'Aunis-Infanterie 1778; général de brigade le 12 pluviôse an XIII. Après la capitulation de Sainte-Maure, le général Camus fut mis en jugement; il fallut une enquête de deux années pour le justifier complètement. Employé plus tard dans le 9e corps de la Grande-Armée, il fut fait prisonnier à Borizow le 27 novembre 1812 et mourut à Witepsk le 6 avril 1813.

2. Rapport de Donzelot au Ministre, 5 mai 1810.

fuges de Sainte-Maure, qui étaient tous de la Morée, n'avaient avec eux ni familles ni troupeaux qui les retinssent dans les îles ; de la solde de la France, ils avaient passé à la solde de l'Angleterre, qui avait recruté déjà un grand nombre de leurs compatriotes ; il n'avait pas été possible aux quelques soldats français et italiens de la garnison d'empêcher leur fuite. Les Albanais de Corfou, au contraire, n'étaient pas des mercenaires, mais des réfugiés. S'ils désertaient, leurs femmes, leurs enfants, leurs biens[1], resteraient comme des otages entre les mains des autorités françaises, qui disposaient d'ailleurs d'assez de troupes régulières pour réprimer toute tentative de fuite.

Les assurances données à Donzelot purent donc lui paraître sincères, mais elles ne semblèrent pas suffisantes au Ministre de la Guerre.

Très mécontent de la conduite des Albanais, l'Empereur donna l'ordre au gouverneur général des îles Ioniennes de n'en conserver qu'un

1. D'après un rapport du générel Donzelot, le nombre des personnes composant les familles des Albanais enrégimentés était de 1036 : hommes, femmes, garçons et filles de tout âge. La quantité de bestiaux leur appartenant était de 4060 moutons, 1426 chèvres, 36 chevaux ou mulets, 1 vache.

millier environ, qui seraient répartis entre les garnisons de Corfou et de Parga, et de renvoyer le reste dans le royaume de Naples. Ces instructions, transmises par une lettre du Ministre de la Guerre du 12 octobre 1810, jetèrent le général Donzelot et le colonel Minot dans le plus grand embarras ; s'il leur était facile d'en exécuter la première partie, la seconde leur paraissait irréalisable.

Il faudra, faisaient-ils observer[1], employer la force pour embarquer les Albanais ; jamais ils ne passeront volontairement en Italie, « dans la crainte d'être organisés et disciplinés comme les troupes de ligne » ; on veut les établir en colonies, mais « ils ne connaissent d'autre métier que celui de tirer avec assez d'adresse un coup de fusil ; habitués dès leur enfance à se réunir en troupes qui tombaient à l'improviste sur les Albanais turcs, les pillaient et retournaient dans leurs montagnes jouir du fruit de leur rapine, ils auront bien de la peine à s'astreindre aux travaux de la vie agricole ».

D'un autre côté, le roi de Naples ne voulait

1. Rapport du général Donzelot au Ministre de la Guerre, 1er décembre 1810. Lettre de Minot au général Donzelot.

pás entendre parler du cadeau que lui destinait l'Empereur[1]. A quoi lui serviraient ces Albanais? En ferait-on des soldats ou des colons? S'ils désertaient des îles Ioniennes où ils servaient volontairement et où ils étaient si rapprochés de leur patrie, ils déserteraient bien davantage lorsqu'ils seraient transportés dans un pays étranger. « Il est dangereux, écrivait Murat à l'Empereur, le 26 octobre 1810, d'envoyer dans mon royaume des Albanais qui ne manqueront pas de grossir le nombre des brigands qui désolent mes provinces et qui passeront sans contredit en Sicile. »

A Naples comme à Corfou, on essaya de gagner du temps, dans l'espoir d'obtenir de nouvelles instructions. Mais les ordres de l'Empereur étaient formels. « Renvoyez le général Donzelot à l'exécution littérale de mon ordre, écrivait-il au duc de Feltre le 6 février 1811 ; il est inutile d'avoir à Corfou des troupes qui ne sont pas sûres, c'est dépenser beaucoup d'argent inutilement. » L'Empereur

1. Les doléances de Murat sont exposées dans plusieurs rapports du Ministre de la Guerre à l'Empereur, 11, 15 octobre, 11 novembre 1810.

répétait ces instructions le 31 juillet[1]. « Vous devez écrire au général Donzelot qu'il est nécessaire de faire repasser en Italie les Albanais, parce qu'il est malheureux de dépenser tant d'argent pour des gens dont on n'est pas sûr. » Quelques mois plus tard, le 7 septembre 1811, il adressait à son Ministre de la Guerre la lettre suivante[2] :

Je suis surpris que le général Donzelot, malgré les ordres réitérés que je lui donne de renvoyer les Albanais, continue à vouloir les garder. Ces hommes me coûtent immensément pour la solde et la nourriture dans un pays si difficile à approvisionner; et non seulement ils ne seraient pas utiles, mais, si les Anglais venaient à débarquer, ils déserteraient et compromettraient la place. Je vois avec peine qu'il en ait augmenté le nombre, et par là accru les dangers de la place Réitérez-lui l'ordre de profiter du retour des frégates pour les renvoyer en Italie où ils seront fort utiles. Il ne faut à Corfou que des hommes sûrs. Le séjour de ces hommes a le double inconvénient de l'affamer et de compromettre la sûreté de la place.

Le gouverneur général des îles Ioniennes ne pouvait qu'obéir à des ordres aussi catégoriques. Il prit aussitôt des dispositions pour

1. *Correspondance de Napoléon*, n° 17971.
2. *Correspondance de Napoléon*, n° 18120.

faire embarquer tous les Albanais qui dépassaient le nombre de ceux qu'il lui était permis de conserver pour la garnison de Corfou et de Parga. Il les connaissait assez pour savoir qu'ils ne s'embarqueraient pas volontairement et qu'ils chercheraient même à s'emparer des barques sur lesquelles ils seraient transportés. Des bâtiments de guerre seuls pouvaient convenir pour ce voyage. Donzelot avait à sa disposition la division du capitaine de vaisseau Montfort, qui, après avoir apporté à Corfou quelques renforts, allait retourner en Italie. Il tint aussi secrètes que possible les instructions qu'il avait reçues et ne les révéla que le jour où un vent favorable permettant aux bâtiments de mettre à la voile, les Albanais pouvaient être embarqués en quelques heures et comme par surprise. Donzelot a relaté lui-même la scène qui se passa alors : « Aussitôt que les Albanais eurent connaissance des dispositions ordonnées par Sa Majesté, la plupart des soldats se portèrent chez leurs officiers pour leur représenter qu'ils ne pouvaient se résoudre à quitter les îles pour aller sur le continent italien, ayant avec eux leurs familles et des troupeaux. Ils alléguaient qu'en les acceptant à leur service, les Russes s'étaient engagés à ne les employer que dans les îles ou sur le territoire ottoman, et que ces mêmes conditions avaient été confirmées verbalement par le général César Berthier lorsqu'ils avaient passé du service russe au service français. J'employai, ainsi que le colonel Minot, tous les moyens de persuasion pour déterminer cette troupe à s'embarquer de suite, mais alors la presque généralité déclara qu'elle préférait se livrer au ressentiment d'Ali Pacha. La fermentation commençait à régner; les officiers demandèrent quelques jours pour disposer leurs troupes. Il ne restait d'autre parti que de les embarquer de vive force, et c'était mon projet. Mais les vents étant devenus favorables, la division aux ordres de M. Montfort mit à la voile pour remplir sa mission qui ne pouvait se retarder[1]. »

Les Albanais, malgré les ordres de l'Empereur, malgré les mesures du gouverneur général, restèrent donc à Corfou.

1. Rapport du 1er mars 1812.

IV

Le seul homme qui aurait pu, peut-être, par l'autorité qu'il exerçait sur les Albanais, par le prestige que lui donnaient son caractère chevaleresque et ses glorieux exploits, décider ses compatriotes à partir pour l'Italie, le chef de bataillon Andruzzi, avait fait défaut dans ce moment critique. Il était depuis plusieurs mois prisonnier du Pacha de Janina. Mêlé à toutes les négociations que le gouverneur général des îles Ioniennes avait entamées, sur la côte d'Épire et dans l'intérieur de l'Albanie, avec un certain nombre de beys désireux de résister aux entreprises de leur ambitieux voisin, Andruzzi, longtemps chef incontesté du canton de Chamouri, avait été envoyé dans ses anciens territoires pour essayer de les englober dans une sorte de confédération formée contre le Pacha de Janina. Au moment où, sa mission terminée, il traversait le détroit pour rentrer à Corfou, le Pacha l'avait fait enlever avec quelques-uns de ses parents sur la barque française qui les portait. Cette grave insulte au pavillon impérial avait causé une vive émotion à Corfou et avait été ressentie jusqu'à Paris. La mise en liberté d'Andruzzi fut demandée en vain par le consul général de France à Janina et par l'ambassade à Constantinople. Pendant des mois, les réclamations de Pouqueville et de Latour-Maubourg se heurtèrent aux subtilités habituelles de la diplomatie orientale; enfin l'ambassade obtint de la Sublime Porte un commandement ordonnant au Pacha de remettre son prisonnier en liberté. Le jour même où cet ordre, apporté par un commissaire spécial de la Porte, fut remis à Ali Pacha, le 12 octobre 1812, le malheureux chef de bataillon Andruzzi fut trouvé mort sous la fenêtre de sa prison. Le Pacha l'avait fait assommer et avait fait jeter son cadavre par la fenêtre pour faire croire que le prisonnier s'était tué lui-même dans une tentative d'évasion[1].

1. Sur la tragique aventure d'Andruzzi, voir les correspondances du gouvernement général des îles Ioniennes aux Archives de la Guerre et celle du consulat de Janina et de l'ambassade de Constantinople aux Archives des Affaires étrangères. Pouqueville a consacré à la mort d'Andruzzi quelques pages pleines d'émotion dans son *Histoire de la régénération de la Grèce*. Cf. plus haut, p. 190.

« M. Andruzzi, écrivait le général Donzelot au Ministre de la Guerre, en annonçant la mort tragique du chef de bataillon albanais, méritait des éloges pour son dévouement pendant tout le temps qu'il a été en activité au service français ; mais il s'était rendu digne de toute la bienveillance de l'Empereur par la fermeté et l'énergie qu'il a montrées pendant sa détention. Les mauvais traitements, l'horreur des cachots, les privations, toutes sortes de souffrances, rien n'a pu lui faire renoncer au titre qu'il chérissait plus que sa vie, d'être officier au service de Sa Majesté. Il a préféré mourir dans les tourments que de manquer à ses serments et que de s'abandonner aux sollicitations d'Ali Pacha, qui a employé tous les moyens de séduction pour se l'attacher. *Il avait l'âme et les sentiments d'un vrai Français.* »

V

La noble fin du commandant Andruzzi avait en quelque sorte racheté la conduite des Albanais de Sainte-Maure et de Céphalonie, elle avait montré que, si quelques-uns d'entre eux avaient été indignes de la réputation de bravoure et de courage de leur race, d'autres méritaient que la France s'occupât d'eux. Le colonel Minot crut donc le moment bien choisi pour proposer à l'Empereur une réorganisation complète des troupes albanaises. Le rapport qu'il adressa au Ministre de la Guerre, le 20 mai 1812, nous paraît assez intéressant pour être reproduit à peu près intégralement.

L'effectif du régiment est de, cy. .	1 604 hommes.
A déduire les compagnies d'Aja et de Parga que l'on peut organiser en compagnies garde-côtes, cy.. . . .	208 —
	1 396 hommes.

Je propose de former de ce nombre :

1° Un détachement d'élite pour la Garde impériale qui pourrait être porté à 500 hommes et peut-être au delà.

2° De licencier du service tous les officiers, sous-officiers ou soldats qui peuvent retourner en Albanie et qui ne seraient pas désignés pour le détachement de la Garde.

3° De former de tout le reste un dépôt de réfugiés auxquels on accorderait les secours dont il sera parlé cy-après[1].

1. Voir plus loin (p. 270) le tableau de l'habillement, équipement, petit équipement et armement nécessaires à un soldat albanais avec les prix des différents effets.

Composition du détachement de la garde impériale. — Chaque famille serait tenue de fournir à ce détachement un certain nombre d'individus en proportion des hommes qui la composent ; ils seraient autant d'otages qui répondraient de la fidélité de ceux qui resteraient à Corfou. Dans ce nombre seraient compris le plus possible d'enfants de dix à quinze ans à qui l'on pourrait donner une éducation toute militaire ; ils seraient très propres à recruter les mamelouks.

Il serait nécessaire que je fusse autorisé à emmener, sans distinction de grade, tous ceux qui montreraient de la bonne volonté et que je reconnaîtrais propres à un bon service, sauf à les organiser en arrivant en Italie.

Il est aussi à observer que ce détachement s'embarquant de bonne volonté, on peut se servir de toute espèce de moyens de transport et que dès lors la traversée peut se faire de suite.

L'uniforme des officiers et de la troupe coûte très cher[1] ; pour les mettre à même de traverser l'Italie et la France avec convenance, je propose de leur accorder des gratifications dans les proportions suivantes :

A chaque chef de bataillon.	1 200 francs.
A chaque adjudant-major.	800
A l'aumônier[1], y compris les frais pour son costume d'église.	1 000
A chaque capitaine.	600

1. « Arsenio Yanucco, aumônier, de Morée, quarante ans. A peu d'influence comme aumônier, mais il est entièrement dévoué au gouvernement. Il a servi en Égypte et en Dalmatie. Il est dans la plus grande misère à cause de la modicité de son traitement. » (*Notes du colonel Minot.*)

A chaque lieutenant, sous-lieutenant, adjudant et chirurgien[1]..	500
A chaque sergent-major, sergent ou fourrier.	100
A chaque caporal.	75
A chaque soldat..	50

La totalité de ces gratifications s'élèverait tout au plus à 50 000 francs et serait un puissant motif de persuasion.

Je propose aussi d'accorder aux officiers la solde et indemnité de leur grade correspondant dans la ligne, sauf à les faire jouir dans la suite, en récompense de leur zèle et de leur dévouement, des avantages dont sont honorés messieurs les officiers de la Garde impériale.

Moyennant la gratification demandée pour les sous-officiers et soldats, l'on pourrait se dispenser d'augmenter pour le moment leur solde ; elle resterait telle qu'elle est fixée par le décret de S. M. l'Empereur, déduction faite du prix de la ration de pain accordée en nature à raison de 30 centimes l'une.

Il serait seulement indispensable de donner gratis une ration de bois et d'accorder pour la route aux officiers, sous-officiers et soldats, l'indemnité fixée pour les troupes de ligne, plus six voitures à quatre colliers pour le transport des bagages, des éclopés et de quelques femmes auxquelles on ne pourra refuser la permission de suivre leurs maris.

Il serait nécessaire de promettre aux officiers, sous-officiers et soldats que, dans un an, il sera accordé un certain nombre de congés de semestre à ceux d'entre

1. « Ducca Zappa, chirurgien, n'a point d'instruction théorique, mais la grande habitude qu'il a contractée de soigner les coups de feu lui donne souvent l'occasion de faire des cures qui sont extraordinaires. Les Albanais ont beaucoup de confiance en lui. » (*Notes du colonel Minot.*)

eux qui désireront revenir à Corfou ou en Albanie pour y voir leurs familles auxquelles ils tiennent beaucoup ; et que, dans quatre ou six ans, il sera accordé des congés absolus à ceux qui ne voudront plus continuer leur service.

Si ce moyen réussissait, l'*Empereur n'aura pas auprès de sa personne des soldats plus fidèles, plus dévoués, plus sobres et plus infatigables.*

Composition du dépôt des réfugiés. — Ce dépôt serait composé : De tous les officiers, sous-officiers et soldats qui ne peuvent retourner en Albanie et dont l'âge, la nombreuse famille ou d'autres motifs plausibles ne leur permettraient pas de faire partie du détachement de la Garde; ils conserveraient leur traitement actuel et feraient le même service; on pourrait aussi donner des terres à cultiver à ceux d'entre eux qui en seraient capables. On admettrait à ce dépôt les femmes et les enfants des deux sexes, en leur accordant par tête un secours de 50 centimes par jour et 60 centimes à chaque femme, père, garçon ou fille de ceux faisant partie du détachement de la Garde. Il serait nécessaire de donner à ceux qui partiraient ce léger avantage.

La dépense occasionnée par ce dépôt s'élèverait à peu près à 30 000 francs par mois et celle actuelle du régiment albanais est de 62 000 francs.

Les moyens que j'ai l'honneur de proposer enlèveraient, à la vérité, de Corfou, à peu près tout ce qui est susceptible d'un bon service et n'y laisseraient qu'un dépôt à charge sans doute, mais dont on pourrait par la suite se débarrasser peu à peu, par un ordre positif de passer en Italie et en retirant, en cas de refus, à ceux qui en feraient partie toute espèce de secours et même d'asile.

Si les Albanais étaient assez aveugles pour ne pas

17

sentir tous les avantages qui résulteraient pour eux d'un tel ordre de choses et qu'ils se refusassent à fournir pour la Garde impériale le détachement demandé, il n'y aurait plus alors d'autre moyen à prendre que de licencier tous les Albanais du service de Sa Majesté, à l'exception des quelques familles qui ont donné des marques d'un entier dévouement et à qui l'on ne pourrait se refuser d'accorder des secours. Quant aux autres, ils devraient être chassés de l'île sans aucune considération.

Après avoir ainsi exposé son projet, Minot ajoutait quelques considérations qui le touchaient personnellement :

Si Votre Excellence adopte le projet que j'ai l'honneur de lui soumettre, je ferai tout ce qui dépendra de moi pour son entière exécution, mais je la supplie de me donner toute latitude à cet égard ; je n'abuserai pas de sa confiance. Je me ferai un devoir de conduire moi-même ce détachement ; puissé-je arriver encore à temps pour donner à Sa Majesté de nouvelles marques de mon dévouement !

Je languis à Corfou depuis près de cinq ans ; Votre Excellence avait eu la bonté de me promettre en 1809 de m'en faire sortir l'année suivante. Une nouvelle campagne va s'ouvrir, ne pourrais-je en faire partie ? je désire servir plus activement ; jusqu'ici j'ai commandé les Albanais avec résignation, quoique ce fût le commandement le plus désagréable qu'un colonel puisse avoir ; j'ai passé sur toute espèce de considération dans l'espoir de me rendre utile dans le cas où l'on eût attaqué Corfou. Aujourd'hui même je me prépare bien des tourments en proposant à Votre Excellence de me charger de la conduite d'une troupe brave à la vérité, mais bien éloignée de la discipline européenne, de nos mœurs et de nos usages; je prendrai leur costume; car, Monseigneur, je suis toujours dirigé par le même motif, celui de faire quelque chose qui puisse être agréable à l'Empereur et m'attirer la bienveillance de Votre Excellence. Je préférerais sous toute espèce de rapport avoir le commandement d'un régiment français à la Grande Armée; j'ose supplier Votre Excellence de supplier en ma faveur cette grâce de Sa Majesté, si les circonstances ne permettent pas de rien changer au sort actuel des Albanais, car en ce cas je suis ici de toute inutilité et, j'ose le répéter à votre Excellence, je n'ai d'autre désir que celui de servir Sa Majesté partout où elle aura la bonté de m'employer activement.

Pendant plus d'un an on attendit à Corfou la réponse à ce rapport. L'Empereur en accepterait-il les conclusions? consentirait-il à incorporer dans la Garde un contingent albanais? Minot l'espérait et déjà il choisissait parmi ses officiers et ses hommes ceux qu'il emmènerait avec lui. Le gouverneur général était moins confiant: il craignait que des raisons d'ordre politique ne vinssent empêcher la réalisation de ce projet; les agents étrangers pouvaient, en effet, trouver là de nouveaux prétextes pour donner à entendre à la Porte que la France avait des vues sur cette partie de l'Empire ottoman. Il était d'ailleurs toujours désireux de conserver les Albanais à Corfou et faisait étudier une autre combinaison[1] d'après laquelle le régiment, réduit à ses meilleurs éléments, devenait un renfort pour la garnison de l'île, tandis que les Albanais inutiles et ceux qu'il était possible sans inhumanité de renvoyer dans leur pays étaient licenciés et que l'on formait, avec tout le reste, un dépôt de réfugiés.

En attendant que leur sort se décidât, les Albanais cherchaient à donner une preuve de leur dévouement. L'adresse qu'ils envoyèrent à l'Empereur le 5 mars 1813 est curieuse ; écrite en grec, avec la traduction française en regard, elle est conçue dans les termes suivants :

Sire,

Votre régiment albanais, éloigné par les circonstances du théâtre de la guerre, regrette vivement de ne pouvoir faire sous vos yeux une campagne qui comblera les vœux de vos peuples innombrables.

Tous les individus qui composent ce corps, réfugiés sur votre territoire, ne doivent leur existence qu'à vos bienfaits : ils osent vous offrir pour la garde de votre

1. Il fut un instant question de réunir le régiment albanais au bataillon des chasseurs d'Orient. Voir *le Colonel Nicole Papas Oglou et le bataillon des chasseurs d'Orient.*

personne sacrée, trois de leurs compatriotes montés, armés, habillés et équipés à la manière de leurs ancêtres.

Vos Albanais vous supplient, Sire, de ne pas les considérer comme étrangers[1] ; ils vous demandent la grâce de les compter au nombre de vos sujets les plus fidèles, les plus dévoués et les plus reconnaissants.

Corfou, le 5 mars 1813.

Les officiers, sous-officiers et soldats de votre régiment albanais.

Le Colonel, MINOT.

Le Chef de bataillon, CHRISTAKY ; *le Major* ZANNI ; *le Major* GICCA ; *le Major* NOSSI FOTTAMARO ; *le Major* TUZZA-ZERVAS.....

(Suivent 35 signatures.)

1. Un rapport du Ministre de la Guerre à l'Empereur, en date du 20 octobre 1813 (Arch. nationales, A. F. IV, 1173), donne des renseignements intéressants sur ces trois cavaliers du régiment albanais :

Sire, Votre Majesté a décidé, le 21 du mois de juin 1813, que les trois cavaliers offerts par le régiment albanais seraient incorporés dans l'escadron des mameluks de la Garde impériale.

Ces trois cavaliers, montés sur des chevaux arabes, sont arrivés à Paris. Ils m'ont été présentés par le baron Theotocki, président du Sénat de Corfou. Ils sont armés et habillés à l'albanaise, et ils sont si attachés à leurs armes et à leur costume, qu'ils ressentiraient le plus violent chagrin d'être forcés d'y renoncer. Ces armes et ce costume diffèrent peu de l'uniforme et des armes des mameluks, et je ne vois pas qu'il y ait de l'inconvénient à se rendre au désir de ces trois Albanais.

Je prie Votre Majesté de vouloir bien me faire connaître si Elle approuve que ces trois militaires conservent leurs armes et leur habillement.

Le Ministre de la Guerre,
DUC DE FELTRE.

Ce fut la solution proposée par le général Donzelot que l'Empereur adopta. Le décret réorganisant le régiment albanais est daté du quartier impérial de Mayence le 6 novembre 1813 :

Article 1er. — Le régiment albanais, créé par notre décret du 1er juillet 1809 et actuellement composé de six bataillons, sera réduit à deux bataillons, de six compagnies chacun, dont une d'élite et cinq de fusiliers.

Art. 2. — La force de l'État-major et celle de chaque compagnie d'élite et de fusiliers seront déterminées comme il suit :

État-major.	
1	colonel.
2	chefs de bataillon.
2	adjudants-majors.
2	officiers français dirigeant l'administration.
1	quartier-maître.
1	chirurgien-major.
1	chirurgien aide-major.
1	aumônier.
4	adjudants sous-officiers.
Total. 15	

Compagnies.	
1	capitaine.
1	lieutenant.
1	sous-lieutenant.
1	sergent-major.
4	sergents.
1	fourrier.
8	caporaux.
84	soldats.
2	cornets.
Total. 103	

Ainsi la formation du régiment sera de douze cent cinquante et un hommes, dont 47 officiers et 1204 sous-officiers et soldats.

Art. 3. — Les officiers, sous-officiers et soldats, en état de servir, qui ne seront pas compris dans la nouvelle organisation, seront mis à la suite, et conserveront leur solde d'activité, en attendant les premiers emplois qui viendront à vaquer et qui leur appartiendront de droit. Ceux qui préféreront retourner dans leur patrie en obtiendront la permission, qui leur sera accordée par notre gouverneur général des îles Ioniennes.

Art. 4. — Les dispositions de notre décret du 1er juillet 1809, relatives à la solde, aux vivres, au remplacement des officiers, à l'uniforme du régiment et à l'administration sont maintenues.

Art. 5. — Il sera formé à Corfou un dépôt de réfugiés albanais, qui sera composé des hommes hors d'état de servir activement, des enfants mâles au-dessous de 15 ans, des femmes et des filles des réfugiés, auxquels l sera accordé des secours.

Art. 6. — Ces secours seront fixés ainsi qu'il suit, savoir : aux hommes, y compris les enfants mâles au-dessus de 10 ans, 1 franc par jour ; aux enfants mâles au-dessous de 10 ans, 0 fr. 60 par jour ; aux femmes et aux filles, 0 fr. 50 par jour.

Il sera formé un contrôle général de toutes les personnes admises au dépôt des réfugiés. Ce contrôle sera visé par l'inspecteur aux revues et approuvé par le gouverneur général.

Art. 7. — Le payement des secours aura lieu tous les mois, sur les fonds de la solde et d'après la revue de l'inspecteur.

Minot n'était plus à Corfou lorsque ce décret y parvint. Si l'Empereur avait écarté les propositions du colonel et avait refusé d'incorporer dans sa Garde un contingent albanais, il avait tenu à témoigner sa satisfaction au brave officier qui, pendant six années, s'était adonné, avec un dévouement digne d'un meilleur succès, à la tâche ingrate d'organiser militairement les Albanais réfugiés à Corfou. Il l'avait promu au grade de général de brigade le 31 juillet 1813.

En quittant Corfou[1], Minot avait remis le commandement provisoire du régiment au chef de bataillon Christaki. Le major Mialet[2], du

1. De Corfou le général Minot rentra en France, en passant par Naples et Gênes. Il adressa de ces deux villes au général Donzelot des lettres très intéressantes qui sont conservées à la bibliothèque de La Rochelle et que le bibliothécaire, M. Musset, a bien voulu nous communiquer. A partir de 1814, les états de service du général Minot portent les mentions suivantes : commandant le département de la Charente-Inférieure, 23 juin 1814 ; employé au 6e corps d'armée, 16 mai 1815 ; en non-activité, 16 août 1815 ; mis à la retraite par ordonnance du 1er décembre 1824. Élu député de la Charente-Inférieure le 3 juillet 1830, Minot fut relevé de la retraite et chargé du commandement du département du Tarn le 14 mars 1831. Le baron Minot, définitivement admis à la retraite le 7 juin 1834 comme maréchal de camp, mourut à Saint-Pierre-de-l'Ile (Charente-Inférieure) le 8 février 1837. Il avait épousé, le 22 juin 1809, Françoise-Louise-Romaine Mouret.

2. Pierre Mialet, né à Vavres (Cantal) le 12 février 1769. Soldat aux gardes du Roi (duc de Brissac), 4 mars-1er juin 1792 ; dragon de l'École militaire, 22 août 1792 ; capitaine à la 3e compagnie franche de Loir-et-Cher, juillet 1793, au 4e bataillon n° *bis* de la Sarthe, 3 septembre 1793 ; chef de bataillon au même corps, 1er brumaire an IV, à la 6e demi-brigade de ligne, 27 thermidor an IV ; major au même régiment, 19 avril 1811 ; nommé colonel du régiment albanais, 2 février 1814, en demi-solde le 16 février 1816. Pierre Mialet fut retraité en 1827 comme lieutenant-colonel d'infanterie, officier de la Légion d'honneur et chevalier de Saint-Louis.

6e régiment de ligne, fut désigné pour succéder à Minot, mais il ne semble pas qu'il ait pris possession de ses fonctions. Les circonstances d'ailleurs étaient venues mettre obstacle à l'exécution du décret de Mayence.

VI

Les îles Ioniennes avaient encore une fois changé de maître. Qu'allaient devenir les Albanais réfugiés à Corfou? La Russie les avait pris à son service en 1798. La France par humanité les avait recueillis en 1807. Pouvait-elle les abandonner? Malgré l'embarras qu'ils avaient pu lui causer, le général Donzelot avait toujours fidèlement tenu les engagements que le gouvernement français avait pris à leur égard. Il les avait protégés ; il les avait nourris eux et leurs familles ; il avait même contracté personnellement un emprunt de 100 000 francs afin de pouvoir acquitter leur solde. Au moment où le général Campbell, commissaire des puissances alliées, allait prendre possession de l'île de Corfou, le gouverneur général ne put que lui recommander le sort des Albanais[1].

« On peut offrir le régiment albanais au commissaire des puissances alliées, disait Donzelot au baron de Boulnois, envoyé par Louis XVIII pour présider à l'évacuation de l'île. S'il ne se trouve pas autorisé à le prendre au service de la puissance qui occupe Corfou, je demande qu'il soit fourni du pain seulement à ces troupes, pendant deux mois, afin de ne point les laisser sans subsistance et de leur donner le temps de se porter individuellement soit dans leur patrie, soit dans quelque point de la Grèce, soit en Égypte. »

La situation des Albanais donna lieu à un échange de notes entre le baron de Boulnois et le général Campbell.

1. « Le général Donzelot donna en cette circonstance une nouvelle preuve de l'élévation de son caractère et de la générosité de ses sentiments. Il emprunta 100 000 francs sur sa garantie personnelle pour payer la solde arriérée des troupes albanaises... Cette somme lui fut remboursée à son retour en France par le nouveau gouvernement français, mais en *Inscriptions* sur le Grand-Livre. Obligé de vendre ces inscriptions pour faire face à ses engagements, il perdit près de 50 pour 100 sur les 100 000 francs qu'il avait empruntés dans un intérêt public. » (G. Pauthier, *les Iles Ioniennes pendant l'occupation française et le protectorat anglais*, p. 46.)

Corfou, 20 juin 1814.

Le soussigné, commissaire de S. M. Louis XVIII pour la remise de la place de Corfou, a l'honneur, sur la représentation de S. E. M. le gouverneur général Donzelot, de demander à S. E. M. le lieutenant général Campbell, commissaire des puissances alliées, que les soldats albanais, formant actuellement un corps auxiliaire dans la garnison française de la place de Corfou, continuent de rester à la solde de la puissance à laquelle appartiendra cette place et qui en prendra définitivement possession.

Le soussigné prie S. E. le général Campbell de prendre cette humble demande en considération sous le rapport que ces militaires étrangers ont été également reçus par la France, quand l'île de Corfou lui a été remise par la Russie et que ces Albanais intéressent comme des malheureux proscrits et que ce serait exposer leur conduite que de les réduire au désespoir par le besoin.

Général baron DE BOULNOIS.

Corfou, le 21 juin 1814.

Le soussigné est très embarrassé relativement à la situation de ce peuple ; sensible à la position où les circonstances l'ont placé, il est en même temps incapable de prendre aucun arrangement à ce sujet pour tout autre gouvernement autre que celui de la Grande-Bretagne. Tout ce que peut faire de mieux le soussigné, dans les circonstances présentes est d'accorder aux soldats albanais en état de porter les armes et de faire un service militaire la même ration que les corps grecs albanais au service et à la paye de la Grande-Bretagne, jusqu'à ce qu'il ait reçu des instructions à leur sujet; il est nécessaire d'établir un état indiquant tous les soldats capables de faire un service actif qui consentent à se soumettre à tous les usages, lois et règlements de la guerre pour maintenir le bon ordre et la discipline comme il est établi dans l'armée anglaise.

Général Campbell.

Le 21 juin 1814, une proclamation du général de Boulnois informa les Albanais de la décision que, « par un acte de générosité digne de son noble caractère », le général Campbell avait prise à leur égard. Ils ne tardèrent pas à éprouver les sentiments généreux du commissaire anglais. Dès que ce dernier se fut rendu compte des sommes considérables qu'exigeait l'entretien de ce corps, il s'empressa, sous l'apparence d'une nouvelle organisation, de lui faire subir d'importantes réductions. Officiers et soldats furent peu à peu licenciés. Les luttes pour l'indépendance de la Grèce vinrent mettre un terme à leurs tribulations. Ces guerriers qui s'étaient montrés, sauf quelques exceptions, de si mauvais soldats dans les rangs d'une armée régulière, trouvèrent dans ces combats l'occasion de déployer leurs réelles qualités. La plupart des chefs[1] qui se distinguèrent à cette époque avaient servi au régiment albanais.

Les efforts de Donzelot et de Minot n'avaient donc pas été entièrement perdus.

1. On trouvera les portraits de quelques-uns des officiers du régiment albanais dans les trois ouvrages suivants : *Portraits des Grecs et des Philhellènes les plus célèbres,* suivis de quelques vues et costumes dessinés d'après nature et publiés par Ch. Krazeisen, lieutenant en premier au régiment du Roi de S. M. le roi de Bavière. Munich, 1828. — *Collection de portraits des personnages turcs et grecs les plus renommés,* soit par leur cruauté, soit par leur bravoure dans la guerre actuelle de la Grèce, dessinés d'après nature par Boggi. Paris, chez Martino. — *Voyage à Athènes et Constantinople,* ou Collection de portraits, de vues et de costumes grecs et ottomans peints sur les lieux d'après nature, lithographiés et coloriés par L. Dupré. Paris, 1825.

1. Tableau de l'habillement, équipement, petit équipement et armement nécessaires a un soldat albanais, avec les prix des différents objets (*a*).

DÉSIGNATION DES EFFETS	QUANTITÉS	PRIX COURANT à Corfou du premier achat		DURÉE de chacun des effets		RETENUE A OPÉRER par an sur chaque sous-officier ou soldat	
				an.	mois.		
Beretta en laine rouge. . .	1	4fr,50		1	»	4fr,50	
Capote.	1	30	»	3	»	10	»
Surtout.	1	30	»	2	»	15	»
Gilet.	1	14	»	2	»	7	»
Ceintures.	2	10	»	1	6	7	50
Chemises.	2	50	»	1	6	37	50
Caleçons.	2						
Paire de guêtres.	1	4	»	1	6	3	»
Paires de chaussettes en laine.	2	5	»	»	6	10	»
Paires de souliers.	6	18	»	»	2	18	»
Giberne.	1	15	»	5	»	3	»
Porte-pistolet et garniture en cuir.	1	8	»	2	»	4	»
Fusil.	1	40	»	40	»	1	»
Pistolet.	1	20	»	40	»	»	50
Sabre pour les sous-officiers du centre et sous-officiers et soldats d'élite.	1	20	»	10	»	2	»

Observations. — 123 fr., ce qui exigerait par mois sur la solde de chaque sous-officier et soldat une retenue de 10 fr., dont le décompte serait fait tous les trimestres, de la même manière que celui du linge et chaussures dans les troupes de ligne.

(*a*) État annexé à la lettre du colonel Minot au Ministère de la Guerre e date du 21 décembre 1812. (Arch. guerre, carton *Régiment albanais*.)

TABLE DES MATIÈRES

II. — Rupture.

III. — Reprise des relations.

IV. — Période d'illusions réciproques.

V. — Ligue albanaise contre Ali Pacha.

VIII. — Ali Pacha et les Anglais.

IX. — Les Français quittent Corfou et l'Albanie.

APPENDICE.

CHARTRES. — IMPRIMERIE DURAND, RUE FULBERT.

www.ingramcontent.com/pod-product-compliance
Ingram Content Group UK Ltd.
Pitfield, Milton Keynes, MK11 3LW, UK
UKHW021057220726
13924UKWH00005B/2133